传统文化与现代思想

TRADITIONAL CULTURE AND MODERN THOUGHT

魏建武　郭逸◎著

首都经济贸易大学出版社
Capital University of Economics and Business Press
·北　京·

图书在版编目（CIP）数据

传统文化与现代思想 / 魏建武，郭逸著. -- 北京 : 首都经济贸易大学出版社，2024. 10. -- ISBN 978-7-5638-3783-0

Ⅰ. B

中国国家版本馆 CIP 数据核字第 2024U1F360 号

传统文化与现代思想

CHUANTONG WENHUA YU XIANDAI SIXIANG

魏建武　郭　逸　著

责任编辑	彭伽佳
封面设计	砚祥志远·激光照排 TEL: 010-65976003
出版发行	首都经济贸易大学出版社
地　　址	北京市朝阳区红庙（邮编 100026）
电　　话	（010）65976483　65065761　65071505（传真）
网　　址	http：//www. sjmcb. cueb. edu. cn
经　　销	全国新华书店
照　　排	北京砚祥志远激光照排技术有限公司
印　　刷	北京九州迅驰传媒文化有限公司
成品尺寸	170 毫米×240 毫米　1/16
字　　数	140 千字
印　　张	12. 5
版　　次	2024 年 10 月第 1 版
印　　次	2024 年 10 月第 1 次印刷
书　　号	ISBN 978-7-5638-3783-0
定　　价	62. 00 元

导 言

许多文字，像园中柳生的花果，虽然是不得已的自然，却也是园丁本人的责任。本书的写作是这样，本书的出版也是。我曾有一个念头，想说这是学术与生活外在境况的曲径通幽，但诚实地说，这更是我个人人生路途的自然风貌。美好而过于赤裸的理想，就栖身在这碎凝为一本著作的马赛克之后。

特别感谢本书的责任编辑彭伽佳女士。本书作者的第一部著作《孔子的仁礼思想》也是彭伽佳女士负责的。我曾在该书的后记中说：“本书隐含了这样一个理解：与苏格拉底的爱智之学一样，孔子的仁礼思想并不是确定的理论体系，或者单一的生活方式，即便它们也解决普遍问题，安顿现实人生。人类文明诞生以来，有且不断有各种思想、理论、学说、文化、宗教与文明，其中好的部分都能解决某些问题，安顿某种人生。苏格拉底和孔子的殊胜之处，并非在于它们提供了更为普遍或者卓越的思想理论或者实践方式，而在于他们开启了各种理论与实践得以生生不息、相得益彰的精神条件。如果说苏格拉底的‘智’为寻求普遍真理的理性奠定了方向，那么，可以说，孔子的仁为成己成物的德性安立了大本。各种思想理论与实践方式，虽然也许各有真善，却以各自的理由和方式相争相让，难免从自身出发，界定出是已非人、扬已抑人的规则或者秩序。相对而言，对适用于所有情况的普遍法则的寻求，成就了苏格拉底的爱智之学；对求同和异的忠恕之道的担当，成就了孔子的仁礼之境。”至今为止，我在中国哲学、西方哲学与马克思主义哲学等各个方向上的探索和沉凝，仍然是出于上述基本的理解，以其检验、反思和修正，以期“止于至善”。

合理而美好的规划，与零碎而现实的脚步，形成了一条值得以本心的勇气承担的学术之路，零落的村庄、敞窄的街巷与不知名的漆陌之外，孤身如夜，漫天星光。

目　录

试注《周易》两句古经文

《周易·大壮》："丧羊于易，无悔。"《旅》："丧牛于易，凶。"从汉朝到清朝都被解释错了。王国维从甲骨卜辞中发现殷先公有"王亥"，将各种典籍所载王亥的事联系起来，证明王亥是创造服牛的人，他在有易被杀，说明有易是一个部落。本文在这些研究成果的基础上，按照王国维的思路进一步研究，提出一些新的看法与疑问，供有兴趣者共同探讨。

一、传统解“易”

《周易·大壮》“六五：丧羊于易，无悔。”王弼注：“居于大壮，以阳处阳，犹不免咎，而况以阴处阳，以柔乘刚者乎？羊，壮也，必丧其羊，失其所居也。能丧壮于易，不于险难哉！故得无悔。二履贞吉，能干其任而已委焉，则得无悔。委之则难，不至居之，则敌寇来，故曰丧羊于易。”[①] 朱熹注：“丧，息浪反。象同。易，以豉反。一音亦。《旅》卦同。卦体似兑，有羊象焉。外柔而内刚者也。独六五以柔居中。不能抵触。虽失其壮，然亦无所悔矣。……易，容易之易。言忽然不觉其亡也。……”[②] 朱熹的说法是有代表性的。《大壮》卦象，乾下震上，下面是四阳爻，上面是二阴爻。下为内，上为外。故朱熹说有“羊象”，“外柔而内刚”。六五是阴爻，失去壮，也不后悔。将“易”解释为容易之“易”，意思是“忽然不觉其亡”。按朱熹的说法，这句话的大意是：不知不觉中丢失了羊，所以不后悔。

除了《大壮》，另有《旅》卦载：“丧牛于易，凶。”张岱年先生说：“这二条，从汉朝到清朝，人们都不懂其真正的意义，而把‘易’字解释为‘轻易’。认为由于轻易，而丧失了牛羊，这是不吉祥的象征。”朱熹的“容易”与“轻易”意思差不多。张先生认为，近代王国维从甲骨卜辞中考察出商朝的先祖有个王亥，并且根据其他古籍找出王亥的事迹。王亥发明用牛驾车，有一次到“有易”这个部落去放牧牛羊，有易杀了

---

① 王弼注：《周易正义》，孔颖达疏，北京大学出版社 1999 年版，第 150 页。
② 朱熹：《周易本义》，上海古籍出版社 1987 年版，第 32 页。

王亥，夺走牛羊。“这个故事被《周易古经》的作者所采用，而战国以后人们都不清楚了。可见《易经》是比较早的作品。”①

二、王国维的贡献

王国维从甲骨文卜辞中发现殷商的先祖有王亥，发明用牛驾车，“卜辞多记祭王亥事”（《观堂集林》卷九《殷卜辞中所见先公先王考》，下引王氏同）②。

《楚辞·天问》曰：“该秉季德，厥父是臧。”王国维认为：“该即王亥。”卜辞中的季也是殷的先公，就是王亥之父冥。

《山海经·大荒东经》记载：“有困民国，勾姓而食。有人曰王亥，两手操鸟，方食其头。王亥托于有易、河伯仆牛，有易杀王亥，取仆牛。河念有易，有易潜出。”（《山海经》卷十四）郭璞注引《竹书》曰：“河伯、仆牛，皆人姓名。托，寄也。见汲郡《竹书》。”

《竹书》曰：“殷王子亥宾于有易而淫焉，有易之君緜臣杀而放之。是故殷王甲微假师于河伯，以伐有易，灭之，遂杀其君緜臣也。”（郭璞《山海经·大荒东经》注引）③ 王国维认为，仆牛即服牛。《山海经》《吕氏春秋》《世本》等书都认为王亥是始作服牛之人。

《吕氏春秋·勿躬》：“王冰作服牛。”所谓“王冰”，也是王亥的讹误。

---

① 张岱年：《中国哲学史史料学》，生活·读书·新知三联书店 1982 年版，第 19 页。

② 王国维：《观堂集林》，《王国维遗书》（第二册），上海古籍书店 1983 年版。

③ 《山海经》，《百子全书》（卷十四），浙江人民出版社 1984 年版。

《史记·殷本纪》云："冥卒，子振立。振卒，子微立。微卒，子报丁立。"《索隐》："振，《系本》作核。"

《汉书·古今人表》作"垓，冥子。"王国维认为："《史记》之振，当为核或为垓字之讹也。"

《世本》作"胲作服牛"，与"奚仲作车"、"相土作乘马"等各种创造者并列。说明"服牛"不是人名，而是指征服牛，指利用牛拉车。

综合以上古籍记载，我们得出这个故事的基本内容：殷的先公王亥发明了利用牛驾车。他在有易、河伯两个部落的地盘上训练服牛，扰乱了社会秩序。有易部落的首领緜臣杀了王亥，抢走正在训练的服牛。王亥的儿子微（上甲）带兵经过河伯去攻击有易，消灭了这个部落，杀死了这个部落的首领緜臣。

王国维在这句话的考据中有两大贡献：①各种典籍中似乎不相干的名字，《楚辞》中的"该"，《吕氏春秋》中的"王冰"，《史记》中的"振"，《汉书》中的"垓"，《世本》中的"胲"，与《山海经》、《竹书》以及卜辞中的"王亥"，王国维合理地联系在一起，互相印证，说明这里讲的是王亥的故事。②《周易》中所谓"丧羊于易"　"丧牛于易"，这个"易"不是容易的"易"，也不是轻易的"易"，而是"有易"部落的名称。

王国维最后的结论是："王亥之名及其事迹，非徒见于《山海经》、《竹书》，周秦间人著书多能道之。"以前，对于《山海经》、《竹书纪年》、《世本》以及《史记》、《吕氏春秋》所记载三代的事，都怀疑其真实性。地下出土的甲骨文卜辞证实了这些记载的一些内容。由于历史久远，字体变化，讹误甚多，以致后人难以理解，以为全是伪托，不敢相信。应该承认，战国秦汉时代记载的三代之事，“非绝无根据也。”有的是有根据的。王国维利用甲骨文卜辞进行考据，获得许多重要成果，佐证了古代典籍中关于远古时代的记载。王国维的学问及研究方法为后学提供了非常有价值的启示——利用典籍与地下出土资料结合考证的方法。

三、几点疑问与试解

功夫没到王国维那种程度，资料收集很难全，研读也很难全无遗漏，那么，下结论就必须谨慎，要注意留有余地，推论自然也要更慎重一些。以上资料，细加推敲，还有多处疑问未能解决。

(1)《竹书》讲有易之君将王亥“杀而放之”，这个放是什么意思？杀了就不存在流放的问题。还可以有多种理解：王亥不是一个人去的，有一批人，一部分杀，一部分放；或者只杀王亥一人，其他人都放；或者杀了人，放了服牛；或者放还有别的什么意思。

(2)“殷王子亥”是否当了殷王？如果没有，《史记》“冥卒，子振立。振卒，子微立。”就不能成立。如果死前是殷王，那么，有易杀的王亥就不是殷王子，而是殷王。或者可以这样理解：按血缘系列，是冥——王亥、王恒——微；按殷王系列，是冥——微。而《史记》讲的是血缘系列。但是，如果是血缘系列，那就不应该是“立”。

(3)按《竹书》的说法，有易与河伯是两个相邻的部落。而郭璞注引《竹书》又说河伯、服牛都是人名。是《竹书》的错误，还是郭璞注的错误？一样是郭璞注引《竹书》，怎么会有这样明显的矛盾？

（4）所有典籍中都是讲王亥与服牛的关系，没有讲羊的问题。因此，王亥的故事应该与《旅》卦中的“丧牛于易，凶”一致，与《大壮》中的“丧羊于易，无悔”无关。也就是说，《旅》卦中的“丧牛于易，凶”讲的是王亥的故事，丧牛的同时被杀，是凶。而《大壮》中的“丧羊于易，无悔”讲的另有故事。王亥被杀应该是“凶”，就不存在“悔”的问题。已经被杀死了，还后悔什么？无法挽回的大灾难，是凶；无法避免的失误，才可以无悔。

（5）服牛，利用牛驾车，是王亥的发明。服，有征服的意思，也可以作训练理解。王亥在有易进行牛驾车的训练。服牛也可以理解为已经训练到可以驾车的牛。有易夺取王亥的服牛就是这样的牛，与普通的牛不同，价值更高。这个服牛，既不是人名，也不是一般放牧的牛。

（6）《山海经·大荒东经》记载“有困民国，勾姓而食。有人曰王亥，两手操鸟，方食其头。王亥托于有易、河伯仆牛，有易杀王亥取仆牛。河念有易，有易潜出。”这一段话还有很多无法解决的问题：困民国，是什么意思？勾姓，一作句姓，与王亥有什么关系？“勾姓而食”如何理解？“河念有易”是否河伯人怀念有易人？有易如果是部落，又如何“潜出”？怎么理解“潜出”？

四、试　注

做了以上考证以后，我们现在可以对《周易》那两句古经文进行注释了。试注如下：

《周易·大壮》："六五：丧羊于易，无悔。"

注：在有易部落那里失去羊群，不后悔。

《周易·旅》："丧牛于易，凶。"

注：殷先公王亥在有易部落进行驯服牛的练习，有易部落的首领杀了王亥，抢走了服牛，是凶祸。《山海经·大荒东经》记载："王亥托于有易、河伯仆牛，有易杀王亥取仆牛。"王国维认为仆牛即服牛。《竹书》曰："殷王子亥宾于有易而淫焉，有易之君緜臣杀而放之。是故殷王甲微假师于河伯，以伐有易，灭之，遂杀其君緜臣也。"（郭璞《山海经·大荒东经》注引）

康德“实践”概念的两种意义

本文从康德哲学中抽取出两种意义的“实践”概念：一种是通常意义的“实践”，一种是哲学意义的“实践”。前者是一种其目的的实现被设想为是某种普遍规划过程的结果的原则之后果的活动，后者是实践理性通过作为单纯先天立法形式的道德律而规定意志的“道德实践”。我们分别对两种意义的“实践”依照文本做出详细的探究。在此基础上，依照两种意义的“实践”概念论证康德哲学由道德性所体现的实践性。之后，又从“实践”的这两个意义出发，界定两种意义的“工具理性”。对这两种“工具理性”的批判，为我们昭示了彰显道德意义上的目的论的必要性。

引　言

康德哲学从本质上来说是实践的，这是康德自己明确表达过的一个观念。[①] 也就是说，康德哲学本质上就是实践哲学，这是康德哲学的一个自我理解。虽然不同时期或地域的学术界对于康德哲学的研究多半侧重于其哲学的不同方面，有的着力于认识论，有的偏向于人类学，但是，无论做何解释，康德哲学的自我理解终究是我们理解康德哲学的最终依据。

康德哲学的实践性体现在这种“实践”的道德性之上。康德对于实践哲学的强调，最核心的方面可能就是他对道德的强调。康德相信，如果自己的哲学活动对于恢复人类的权利没有助益的话，自己由此所付诸的生命的价值甚至就不能够与一个普通的工人相提并论。[②] 可以说，这是他的哲学的实践性和实践的道德性的体现。

康德的“实践”概念因其哲学的深厚质地和独创性，具有难以简单化的复杂内涵。它并不能简单地理解为通常意义上的某种活动，它与康德哲学中的“理性”、“自由”和“道德”等概念有着不可分割的联系。不过，康德哲学的实践取向也要求我们不能不对“实践”概念的通常意义加以考虑，因为这种实践取向本身，要求我们在理解康德的“实践”概念时关照通常意义的各种实践及其目的。

---

① “实践的哲学家，借助于学说和榜样传授智慧的教师，是真正的哲学家。因为哲学是一种完美智慧的理念，它给我们指出人类理性的最后目的。”（康德：《逻辑学讲义》，许景行译．商务印书馆 1983 年版，第 14 页）

② 转引自张汝伦：《德国哲学十论：康德二百周年祭》，复旦大学出版社 2004 年版，第 5 页。

因为康德哲学本身的实践性，康德哲学中看似细微的“实践”概念，对于我们理解现世有着重要的意义。在“工具理性”肆虐的今天，康德的“实践”概念对于我们仍有很大的启发。

有鉴于此，本文将从“实践”概念的哲学意义和通常意义两个方面阐释康德哲学的这一概念，具体方法是在文本的理路中展开对概念的分析；进而，我们将尝试从上述“实践”的两种意义特别是“道德实践”的意义出发，对“工具理性”做出相应的界定。

一、“实践”的两种意义

康德哲学中的“实践”涉及多重意义，这种“实践”既有通常的用法，也有内在于其哲学的特定内涵。本节简略陈述“实践”的这两种内涵及其大体形式，并对这样区分和联结两种意义的必要性做一些说明。

通常的“实践”概念并不是严格地与“理论”相对的，它常常用以表述任何一种或者某种“活动”。如果说“实践”是任何一种活动的话，“理论”就可以说是“实践”的一种；如果说“实践”是某种活动的话，那么“理论”就可能是与之相区别的另一种活动。康德在《论通常的说法：这在理论上可能是正确的，但在实践上是行不通的》中所界定的“理论”与“实践”概念，多少分享了这种通常的意义。康德在文章中对于“实践”的定义是与“理论”相对的，“并非每种活动都叫作实践”。①

不过，一般而言，即使不是在通常的意义上，活动或者行动

① 康德：《历史理性批判文集》，何兆武译，商务印书馆 2005 年版，第 176 页。

与“实践”总是有一定联系的，二者之对应虽然不严格，但是这对于我们理解“实践”的概念是有一定助益的。

不过，康德在其核心文本中，相对来说比较少直接地以概念或者说名词的形式表述“实践”及与之相对的“理论”。他更多的是使用“实践的”和“理论的”，而不是“实践”和“理论”。就此而言，相关的定义是针对“实践的”，而不是“实践”：

“我将所有通过自由意志而可能的东西称为实践的。”① 这是康德哲学中有关“实践”的核心定义。本文对于康德哲学中哲学意义上的“实践”的探讨，将以这个定义为出发点。但是，我们是否可以直接就此说，“实践”就是“通过自由意志而可能”的某种东西呢？

按照康德的用法，可以在“通过自由意志而可能”的意义上被称为“实践的”东西，不一定是通常意义上的某种活动。有些“命题”、“法则”或“规范”也是“通过自由意志而成为可能”的，它们因此被称为“实践（的）命题”、“实践（的）法则”和“实践（的）规范”。在无论何种意义上，它们都不是任何一种活动。另外，对于康德来说，有“实践（的）理性”、“实践（的）能力”和“实践（的）使用”等用法，这些也是“通过自由意志而可能”的。这些用法中的“理性”、“能力”和“使用”等概念，与前面的那些概念并没有多少共同的属性。所以，我们并不能简单地将康德定义中的“东西”替换为其他概念，或者将“实践的东西”单一地称为“实践”。不过，在语言的实际用法中，只要一个概念的歧义不会直接带来混淆，这种歧义是可以在

① 康德：《纯粹理性批判》，邓晓芒译，人民出版社 2004 年版，第 608 页。

一定范围内被包容的。因此，即使康德在某些场合偶尔用“实践”替换“实践的东西”，那只有用语方便的意义。但是我们不能就此说，与“实践”的通常意义相区别的康德哲学意义上的“实践”或者“实践的”概念的内涵是单一的和确定的。

所以，严格地说，我们在此所直接面对的似乎是“实践”和“实践的”两个概念，并且，它们之间有不能直接相互引申的意义。虽然在不因忽视这一分殊而产生误解的情况下，我们说我们所处理的是两种“实践”并不是一种错误，不过，明确这些，也许对于理解康德哲学并不是只有明晰概念的意义。

“实践”和“理论”概念的区分，在康德哲学中不是两个领地分野的决定性因素。康德的所谓两个世界，就概念来说，是基于“自然”和“自由”的对立。康德并不是在通常的意义上简单地将哲学划分为“理论（的）哲学”和“实践（的）哲学”。[①] 因为这样的区分并没有表明其原则和前提，也就是说，“理论（的）”和“实践（的）”的区分并不能直接为这一区分提供充足的理由。康德认为，一种“流行的”“很大的误用”可以说正是出自这种简单的划分。[②] 因为，按照康德的理解，所谓“理论哲学”和“实践哲学”，直接地说，没有区分开在原则上完全不同的两个领地，即“自然”和“自由”的领地。在“自然”的领地，也有借助“意志”而可能的东西可以被称为“实践的”。在这种情况下，如果直接划分“理论哲学”和“实践哲学”，那么，很显然，所谓“实践哲学”，将同时包括“自然”和“自由”两个在原则上相区别的领地。相对于“理论”和“实践”的概念，

①② 康德：《判断力批判》，邓晓芒译，人民出版社 2002 年版，第 5 页。

"自然"和"自由"概念的分殊对于划分两个领地来说是更为原则性的。因此，康德认为，哲学应该被划分为在原则上完全不同的两个部分，即"作为自然哲学的理论部分和作为道德哲学的实践部分"①。

另外，划分总是对同一个领域的划分。"理论（的）"和"实践（的）"的通常区分，也没有为按照它们所做出的划分所据的统一性留下余地。对康德来说，所谓"理论（的）"和"实践（的）"，首先是"理性"为了达成自己的目的在"自然"和"自由"的领域分别做出的"理论的"和"实践的"运用。就此而言，"理论的"和"实践的"区别首先是因为"理性"在两个领域以原则上不同的方式致力于不同的事务，而这种不同也因此在"理性"中有其统一性的基础。"判断力"对于"自然"和"自由"领域的统一性功能，按照康德的观念，正是原则或者说思维方式上的。② 如果说"判断力"对"自然"和"自由"领域的统一也就是对"理性"的两种运用在思维形式上的统一，那么，这种统一就容易被理解而不显得唐突了。因为"理性"对于康德来说，本质上就是规定或者原则的能力，③ 而"自由"和"自然"之间的鸿沟只有在以"理性"为依据的原则性层面才有其沟通的可能。

---

① 康德：《判断力批判》，邓晓芒译，人民出版社 2002 年版，第 5 页。

② "所以终归必须有自然界以之为基础的那个超感官之物与自由概念在实践上所包含的东西相统一的某种根据，关于这根据的概念虽然既没有在理论上也没有在实践上达到对这根据的认识，因而不拥有特别的领地，但却仍然按照一方的原则的思维方式向按照另一方的原则的思维方式的过渡成为可能。"（康德：《判断力批判》，邓晓芒译，人民出版社 2002 年版，第 11 页。）

③ 康德：《纯粹理性批判》，邓晓芒译，人民出版社 2004 年版，第 262 页；康德：《实践理性批判》，邓晓芒译，杨祖陶校，人民出版社 2003 年版，第 164 页。

按照“实践”与“理论”通常意义上的区分，“实践”是对“理论”的运用。如此一来，“实践”原则上就是以“理论”为前提的。但是，对康德来说，“实践理性”是优越于“理论理性”的，实践性的道德立法是无条件的，是以绝对命令的形式被“理性”设立的。这种意义上的“实践”并不简单地就是“理论”的运用。

所以，必须注意的是，“理性的理论（的）运用”和“理性的实践（的）运用”的区分，需要与“实践”的通常意义区别开来。因为“理性的实践（的）运用”中的法则等因素，按照通常的意义，可能是“理论”而不是“实践”。①

显然，区分“实践（的）”的两种意义，对康德哲学有很重要的意义。对之不恰当的混用，会歪曲康德哲学的自我理解。

康德对于“实践”的哲学定义有一个无伤大旨的疏漏。按照康德的这种定义，“通过自由意志而可能”的东西才是“实践的”。然而，所谓“自然”领域的“实践”，在“自然”与“自由”原则性对立的意义上，是不自由的。严格地说，它不是“通过自由意志而可能”的，而是通过“意志”可能的。② 如果说“意志”本质上是“自由”的话，那么它就是通过不自由的“自

---

① 在《论通常的说法：这在理论上可能是正确的，但在实践上是行不通的》等一般性文章中，康德正是在通常的意义上把“义务”等“实践理性”的因素视为“理论”。

② “在这种运用（理性的实践运用）中理性所关心的是意志的规定根据。”（康德：《实践理性批判》，邓晓芒译，杨祖陶校，人民出版社 2003 年版，第 16 页）这与康德关于“通过自由意志而可能”的定义略有不同。康德关于“自由”概念的这种模糊性，既造成了理解的困难，也是深入理解的契机。下文将论证，对于“自由”的严格界定也意味着对于“实践（的）”概念的严格界定。

由意志”而可能的。这似乎是矛盾的。但是，对于康德，唯有“道德实践”才真正是自由的。[①] 因为，唯有在“道德实践”中，“意志”决定于“理性”的无条件道德立法而不是受制于有条件的自然因素的时候，它才是真正自由的，或者说现实地自由的。在此意义上，唯有“道德实践”才是在严格意义上现实地“实践的”。原则上，如果我们就此将“自由”划分为现实的自由（“道德实践”由之可能）和可能的自由（潜在的可能的自由使得自然领域的“实践”或者按照康德说法“实用”成为可能）[②] 的话，似乎矛盾就解决了。不过，在康德哲学中情形是否如此，我们下文再做深究。此处我们需要和可以暂时确定的是，严格意义的“自由”对于确定严格意义的“实践（的）”，是非常重要的。同样需要强调的是，对康德来说，道德实践是最严格意义上的实践，因为唯有道德实践，才是现实地自由的。

虽然在很多情景之中，康德哲学的“实践（的）”有时需要与通常意义的“实践”区分开来，并剔除后者的影响，但是，在道德的意义上，康德也需要在某些方面借助于通常的“实践”意义来实现其道德的目的。

对于康德本人所选择的哲学路向，“哲学是关于人类理性的最终目的的一切知识和理性运用的科学”[③]。这种最终目的作为最高目的，正是道德目的。一切其他目的都是从属的，并在它之中

---

① 这是本文的核心观点。此处我们仅仅满足于就其与通常意义的“实践”之间的联系的方向上指出这一点。至于详细的论证，将在下文更详尽地展开。

② 这对关于“自由”的区分与康德“技术上实践的”和“道德上实践的”区分相对应（后者见于康德：《判断力批判》，邓晓芒译，人民出版社2002年版，第6页），而不是“先验的自由”与“实践的自由”的区分。

③ 康德：《逻辑学讲义》，许景行译，商务印书馆1983年版，第15页。

统一起来。因而，道德实践就是最高意义的实践。人类所有其他的能力必须适合于人类追求至善或者说最终目的的使命。[①] 就此而言，人类所有其他的活动（如果我们不严格地借用这一概念的话）都因为从属于道德实践而成为“实践的”。这后一种“实践的”正是通常意义上的“实践”。因为，在这种意义上，哲学意义上“实践的”“道德律”还不是通常意义上的“实践的”；相反，道德律有待于人类活动而在现实中得到“实践”。在此意义上，康德说：“一切都以实践为归宿，我们知识的实践价值在于一切理论和思辨都着眼于使用这一倾向”，“我们知识的一切实践使用最后都必须与之相关的无条件的最后目的（最终目的）就是伦理，为此我们称伦理为无条件的和绝对的实践”。[②] 这样，“实践”的两种意义就结合起来了。

可见，上述两种意义的“实践”，在康德哲学中以不同的方式关联着，缺一不可。我们接下来将详细论述康德哲学中这两种含义的“实践”概念，并就“工具主义”阐明它们对于康德哲学的意义。

二、严格意义的“实践”

通常意义的“实践”，在康德哲学中，相对于“通过自由意志而可能”的“实践”概念来说是辅助性的。“通过自由意志而可能”的“实践”的意义，构成了康德哲学“实践”概念的核心。不过，康德哲学中的这种“实践”概念的意义及相关问题，

---

① 康德：《实践理性批判》，邓晓芒译，杨祖陶校，人民出版社 2003 年版，第 200 页。
② 康德：《逻辑学讲义》，许景行译．商务印书馆 1983 年版，第 78 页。

并非简单和确定的。

（一）“实践”和“实践（的）”

在康德哲学的大部分文本中，相对于形容词形式的“实践的”，名词形式的“实践”出现的次数非常少。特别是在康德实践哲学的最重要著作之一《实践理性批判》中，名词形式的“实践”唯有数次出现。而且，这些“实践”是在通常的意义上被使用的。它们具体所指的大多是“原则”或者“法则”（包括“道德法则”）在现世中的使用或者“实践”。在此意义上，作为“实践（的）法则”的“道德法则”，与其说是“实践的”不如说是“理论的”，因为它也是以知识的形式出现的，而我们就是根据这种知识在现实中行动的，这些行动是知识的运用。所以，如果说行动是（通常意义的）“实践”的话，那么，作为行动根据的知识，即所谓“实践法则”，就是“理论的”。不过，构成康德哲学探讨“实践”问题的主体形式，还是作为形容词出现的“实践的”。无论是在出现的数量上，还是在严格定义和解释的形式上，康德哲学所探讨的都主要是“实践的”，而不是名词形式的“实践”。这种“实践的”，其主要的意义基本上都是“通过自由意志而可能”。与“实践”的通常意义相对，我们可以称“实践的”这种与“自由”概念相关的意义为“实践”的哲学意义。“通过自由意志而可能”并非“实践的”的唯一定义，康德也从其他方面对这种“实践的”做出了界定。这些界定与“通过自由意志而可能”的定义多少是相联系的。可以说，被界定为“实践的”或远或近地是“通过自由意志而可能”的。虽然很多因素都从不同的角度“通过自由意志而可能”，或者说与“自由意志”相联系，但这种定义略显宽泛，无论如何，所有“通过自由意志而可能”的东西，在康德的批判哲学中并不只是通常意义上的“活动”。例如，在康德的用法中，除了“实践（的）使用”，还有“实践（的）命题”“实践的规则”“实践（的）意义”等用法。必须特别注意的用法是“实践（的）理性”，这是康德哲学关于“实践”的核心概念之一。可以说，这些因素都不是某种活动，因此，都不是通常意义上的“实践”。而且这些因素相互之间不同类，这也阻止了我们将之归为一种“东西”，从而统一地称为“实践”的尝试。

康德哲学核心的“实践”概念的意义首先并不独立地以作为某种东西的“实践”的形式出现，这一事实对于康德哲学来说可能是琐碎不值一提的。因为即使“实践的”是哲学意义的“实践”最主要的表现形式，从语法上仍然可以产生“实践”这样一种名词形式。而且作为“实践的”的引申义，它丝毫不会带来歧义。因为我们可以明确，相关的本义是康德对“实践的”这一属性概念的定义，即所有“通过自由意志而可能”的东西都被称为“实践的”。这样，我们就能够避免混淆。不过，就这种哲学意义上的名词形式的“实践”如果在语法的意义上毕竟能被表示出来而言，它具体的所指会是什么呢？也就是说，康德哲学意义上的“实践”究竟是什么呢？如果它不是某种意义的活动的话，它难道会是某种“命题”、“知识”或者“法则”吗？如若如此，康德哲学意义上的“实践”事实上真的有时会是某种“理论”而已。即使如此，我们知道，能够在同样宽泛的意义上被称为“实践”的，不仅仅有这些“理论性”的因素，非理论性的因素诸如“理性的运用”或者活动也能在同样的意义上被称为“实践”。这样的话，与其说我们清楚地界定了“实践”，不如说我们使得哲学意义的“实践”遭遇了比其在日常的使用中更严重的意义含糊。就此而言，“实践”与“实践的”辨析不会仅仅是概念使用的问题，因为意义的含混所带来的后果不会仅仅是概念层面的。特别需要注意的是，这种含混将会直接影响我们对“实践（的）理性”这一“实践的”的核心概念的理解。既然“实践（的）理性”是“实践的”核心表现形式之一，那么，“实践理性”确切来说是何种意义的所谓“实践”所引出的问题，对于界定“实践”的哲学意义将会是非常关键的。即使“实践”和“实践的”之间的辨析就语法的意义来说是琐碎的，但是，对二者的辨析对于理解康德哲学不是没有助益的。

确实，在康德哲学的文本中，被称为“实践的”的因素相对而言首先是“实践（的）理性”。然而，我们似乎并不能直接说“理性”或者“实践理性”是“通过自由意志而可能的”。因为如果说“理性”或者“某种理性”是“通过自由意志而可能”的，那么，我们似乎可以这样理解：如果这种可能性是“理性”因为从属于意志的决断而成为一种独断的理性，则自由的立法与其说是理性的，不如说是经验性的。因为，根据康德哲学，意志如果不是决定于理性的话，就是决定于其他的因素，而这种其他的因素只能是经验性的并服从自然律，因此，这样决定于自然律的意志就不是自由的，而是受制于有条件的现象的。所以，如果我们要对“理性”坚持这一“实践”称谓，就需要进一步界说，以说明是“理性”规定“意志”，而不是相反。不过，即使在“理性”规定“自由意志”的意义上，我们也不能简单地称“实践理性”是“实践”。显然，就理性与被其决定的“意志”是不同的能力而言，“理性”只是“规定自由意志”这一本质性活动的一部分；如果所谓“实践”只是“理性”而不包括被规定的“自由意志”，那么“自由意志”就被排除在“实践”之外，如若如此，即使“实践”是“通过自由意志而可能”的，它也是不完全的。目前我们可以明确的是，所谓“实践（的）理性”不是直接“通过自由意志而可能的”；严格地说，我们可以从“理性的实践（的）运用”中将“实践（的）理性”引申出来，因为“理性的实践（的）运用”正是理性对自由意志的规定。按照康德哲学，意志以理性的立法为根据，从而摆脱经验性条件的控制现实地成为自由的，因此，理性在其中的这种特殊的“运用”也由之成为可能。所以，“实践（的）理性”并不是“实践的”东西，可以被称为“实践”的不是“实践理性”。如果说就此而言毕竟有某种东西可以被称为“实践”的话，“理性的实践运用”比“实践理性”更适合。不过，就它们都只是仅仅从“理性”着眼而言，它们都不是完全意义上的“实践”。事实是，康德并没有提出这种称谓。康德哲学中包含着更严格的对于“实践”概念的考虑。

活动或者行动并不直接就是康德哲学意义上的某种“实践”。一般来说，人类的活动是出自意志的。虽然严格说来，它们并非一定都是“实践”，但是因为“实践”也是通过意志而可能的，所以“实践”与活动还是有某种意义的联系的。因此，活动或者行动终究还是对我们理解康德的“实践”概念有一定意义的，虽然被冠以“实践的”的诸如“命题”、“法则”和“理性”等概念在任何意义上都并非所谓活动。因此，即使“实践”是一种活动或者行动，在确定这一点之前，就康德的用法而言，我们首先要确定的还是“实践的”，由此我们才能更严格地按照康德的用法，将康德哲学意义上的作为某种活动或者行动的“实践”与通常意义的“实践”区分开来。

关于“实践的”，康德在对“自由意志”做出详尽界说之前也提出了另一些并非借助于“自由意志”概念，但对于理解“自由意志”意义上的“实践”非常有用的定义。康德的这些对于“实践的”的哲学界定，尽管不能说是直接就“自由意志”而言，但是如果与“自由意志”意义上的“实践的”定义结合起来，对于我们严格理解“实践的”将是非常有助益的。

康德在某些语境下的这种说法值得注意：就与“理性”相关来说，如果我们将“理性”解释为某些活动的来源，那么这是“理性的理论（的）运用”；如果我们以“理性”为产生这些活动的原因，那么这是“理性的实践（的）运用”。[①]“理性”的这两种不同的运用，分别产生了不同的规则和秩序。按照康德对于“两个世界”的界定，这两种运用所对待的，一个是自然的领域，一个是自由的领域。活动对人来说终究是出自意志的某种决断，可以说，这是康德哲学的一个预设。人作为一种动物，

---

① 康德：《纯粹理性批判》，邓晓芒译，人民出版社 2004 年版，第 444 页。

其意志由自然本能规定；但是人作为人，其意志由理性规定。如果说规定意志的活动就是“实践”，那么，由“理性”规定意志的人的活动就至少是一种“实践”。悖谬的是，以“理性”定义“实践”这样的定义活动本身，到底是“理性的理论（的）运用”还是“理性的实践（的）运用”？因为，如果说“理性”在此只是被当作解释人的活动或者说“实践”的原因的话，显然，这种对于“理性的实践（的）运用”的“解释”事实上如同解释人的动物本能对于意志的规定一样，是“理性的理论（的）运用”，这种所谓哲学意义的“实践”也是一种哲学意义的“理论”，那么，这种意义的所谓“理论”和“实践”的区分就毫无意义。如果说“理性”在此是“实践”地规定了人的意志及其活动的话，那么，为什么这又只是一种对于“理性的实践（的）运用”的解释，而没有现实的意志被规定呢？这些问题也许对于康德的界定来说过于严格，不过，如果仅仅把这一问题限定于此的话，它们对于理解康德严格意义的“实践”概念还是有指导性意义的。因为，我们由此可以更严格地断定，直接由“理性”的运用来界定“实践”并不是适宜的。事实上，康德终究也没有将这种界定作为严格的“实践”概念的定义。至于是否是为了避免这种困难，那是我们在此无须胡乱猜度的。不过，这种问题对于我们理解“通过自由意志而可能”的“实践的”是有借鉴意义的。因为，哲学本身是“实践（的）”还是“理论（的）”，这对于一种有着实践旨趣的哲学来说不是不重要的。另外，严格说来，我们对“自由”的理解也不应该是在“解释”的意义上的。

幸运的是，在形式上，康德对于“实践的”做出了另一种有助于避免这样的困难的界定。在一些场合，康德将“知识”分为两类：理论（的）知识和实践（的）知识。前者是关于“什么是”的知识，后者是关于“什么应该是”的知识。就此而言，理性的理论运用就是我们先天（必然）地认识“什么是”，而理性的实践运用就是我们先天（必然）地认识“什么应该是”。[①] 在其与“通过自由意志而可能”的定义相结合的意义上，我们可以如此理解：“理性的实践（的）运用”就是理性以“什么应该是”的法则规定意志，而不是以“什么是”的规律解释意志是如何被理性规定的。理性的实践（的）运用因此在形式上能够明确地与其理论运用或者说解释划分开来。“应该是”形式上就是对于意志产生活动的规定，而不是解释。这么一来，前面的既是“实践（的）”又是“解释（的）”的问题在这里就可以至少在形式上得以避免了。如果仅仅就这种形式界定本身来说，我们需要注意的是，如此界定的“实践的”只是“实践的知识”，它并不能直接引申出一种令人满意的“实践”定义，因为“什么应该是”只是一种知识的表现形式。就此而言，这种“实践的”内涵过于狭窄，因为它排除了“实践”作为活动或者行动的可能。另外，“实践的理性”只是由于它是处理“应该是”的“先天的实践知识”才成为“实践的”，就此而言，这种“实践的”外延过于宽泛，因为它与“自由意志”以及自然本能到底是什么关系，还是未被确定的——自然的知识同样可以成为“应该是”的条件。所以，这一“实践的”界定是需要与“通过自由意志而可

① 康德：《纯粹理性批判》，邓晓芒译，人民出版社2004年版，第499页。

能”意义上的定义结合起来的。在这样的结合中，以“什么应该是”的形式出现的“知识”是与规定“自由意志”相适合的——至少它不是对于意志活动在“什么是”层面的“解释”。实际上，上述两种意义的“实践的”在康德哲学中与“通过自由意志而可能”的意义是明确结合在一起的。①但是，我们也可以确定，这样结合起来的意义也不能直接导出“实践”的概念，因为被确定的只是“实践的”，至于所谓“实践的”到底是什么，是“知识”还是活动，还是悬而未决。不过我们可以确定，它绝不可能是通常意义的“实践”，因为按照后者，“知识”只是属于“理论”层面的因素。

现在可以看出的是，正是“理性”及其两种运用的区分（即“理性的理论运用”和“理性的实践运用”的区分），为界定更严格的“实践的”意义打下了基础。因为在相比较的意义上，可以说“实践理性”是以“什么应该是”的先天必然知识规定意志产生对象的能力，与以“什么是”的先天必然知识认识或者解释对象的能力即“理论理性”相对，这样，理性对于自身的理论运用的限定（即对于对象的解释）就为界定“实践的”种种（与意志有关的诸因素）留下了余地；借助于以“什么应该是”的形式出现的先天必然知识的“实践的”立法，理性在原则上拥有了与“什么是”的“理论”问题相区别的先天必然知识形式，从而确定“实践的”本身的形式。即，在康德哲学之中，正是理性形式上不同的两种自我立法及其划界，也就是理性对于“什么是”和“什么应该是”的立法及其分殊，和对于其理论的运用的限

① 康德：《纯粹理性批判》，邓晓芒译，人民出版社2004年版，第610页。

制，为明确地界定“实践的”概念提供了可能。

前面提到，“实践（的）理性”和“理论（的）理性”的分殊引申自理性的实践和理论的运用，它们不是两种不同的理性。但是，也正如上文所述，理性的区分所依据的并不是“实践”和“理论”概念分殊本身。无论是作为产生活动的原因，还是认识“什么应该是”的知识，“理性的实践运用”都是对于“自由意志”的规定。而“理性的理论运用”则是理性对于知性“自然”的认识。康德强调，理性在“自然”领域和“自由”领域的不同运用决定了“理论理性”和“实践理性”的区分。“自由”和“自然”概念的分殊蕴含着决定理性的不同运用的核心性原则。而“自由”正是规定“理性的实践运用”原则性概念，这从另一方面证明了我们以“通过自由意志而可能”为界定严格的“实践”意义的出发点的适当性。

如前所述，就文本来说，康德在《判断力批判》的“导言”中明确说明过“实践”和“理论”的区分不能作为划分哲学的基础，严格说来，哲学不能简单地被划分为“实践哲学”和“理论哲学”。不过，当康德在批判“理性的理论运用”、追问科学的形而上学的可能性的时候，他总是直接以“理论理性”和“实践理性”的区分为前提，为科学的形而上学在“理性的实践运用”领域的可能性留下余地。为什么康德在《纯粹理性批判》中，似乎自始至终将“实践理性”和“理论理性”的区分作为划分理性形而上学（自然形而上学和道德形而上学）的首要前提呢？难道这是康德不同文本间的冲突吗？实际上，严格说来，即使在《纯粹理性批判》及其所延伸出的用法中，康德所做的“实践理性”和“理论理性”的区分也并非无条件的预设。可以说，它们在康德原著中仍然是以“自由”和“自然”概念的区分为前提的。因为，“纯粹理性批判”和“实践理性批判”虽然在内容上似乎分别是对“理论理性”和“实践理性”的批判，但是就原则来说，前者批判的是“纯粹理性”的理论运用，从内容和原则上来说，其所限定的领地依据的是“自然”概念，后者批判的是“一般理性”（包括经验影响）的实践运用，从内容和原则上来说，其所限定的领地依据的是“自由”概念。所以，这两部著作的区分归根结底还是以“自然”和“自由”概念的区分为前提的。

因此可以说，“理性的实践运用”就是“理性”对“自由意志”的规定，相应地，就有“实践理性”的概念；“理性的理论运用”就是“理性”对“知性自然”的规定，相应地，就有“理论理性”的概念。所以，即使名词形式哲学意义的“实践”在康德哲学中仍然有其运用的余地，但是因为严格的“实践的”的哲学意义以“理性”和“自由意志”概念的意义为依据，它暂时只能以“实践的”形式从属于“理性”，从属于“理性”在“自由”领域的运用，即“理性的实践运用”。

按照我们最初的界定，“实践的”首先指的是“通过自由意志而可能”的东西，而现在我们看到，“实践（的）理性”中的“实践（的）”是“规定自由意志的依据”。这两种“实践的”是相互联系的，后者是以前者为前提的。“理性的实践运用”就是“理性”为规定“自由意志”提供依据，不仅仅是“通过自由意志而可能”。这一界定与“通过自由意志而可能”的定义相比更为准确。就此而言，不仅可以说，“通过自由意志而可能”是“实践的”各种界定立场中最核心的一个，也可以说，“规定自由意志”是我们的论述到目前为止对“实践的”界定中最为严格的一个。

（二）“理性”与“实践（的）”

对康德来说，被考虑为自由意志的规定根据的首先是“理性”。为什么不是别的呢？假如有别的有可能被称为“实践的”并且在本质上与“理性”不同的东西的话，我们称之为“非理性”的因素。所谓“非理性”的因素对于自由意志的规定并非不在康德考虑的范围内。因为，那些被认为是“非理性”的因素对于康德来说，都是规定意志的有条件的经验性因素。“理性”与“非理性”经验性因素的区分对于规定“自由意志”或者说界定“实践”概念的意义，同一般意义上的“实践”和“理论”的区分对于哲学划分的意义一样，也不是原则性的区分依据。与另一对相似但是与之有微妙不同的区分不同，它只是一种简单的二分法，并不能构成一种特殊的原则性的对立。这另一种区分就是“纯粹的”和“经验的”的区分。因为，规定意志的，要么是有条件的经验性的因素，意志因此从属于自然的必然法则；要么是无条件的纯粹的理性立法，意志因此从属于自由的法则。这不应被理解为两种法则的选择。与人们常常望文而生的理解相反，这种选择本身并不能构成“自由”的领地。因为，按照康德的哲学，我们要么选择“自由”，要么只能受自然的有条件的必然规律控制。只有“自由”才是自主的选择，而在“自由”和“自然”之间以及在“自然”范围内的所谓选择，事实上只是是否以及怎样在因果律的不同形式下受制于有条件的必然。因此，这种选择本身并不一定是一种“理性”的运用。不过，对于康德来说，可以说人本质上是理性的，虽然是有限的理性的。但是，就此而言，人在一定程度上是自由的，无论“理性”是否选择自由法则，无论这种选择是“纯粹的”还是包含“经验的”因素。也许我们可以这样理解，即使一个人以本能或者其他经验性因素为规定条件，作为有限的理性存在者，他的“理性”的自主性本身也并未被剥夺，而有可能受“理性”而不是经验规定的意志总有向自然因果性发出产生或者造成影响的能力。“理性”的这种自主性，是“理性”无论是在“纯粹”还是在“经验的”的运用中都无法丧失的。但是，唯有“意志”不受经验影响的情况下唯一地受“理性”的先天无条件立法所规定时，“理性”及其所规定的“意志”才可能是现实的自由的。不过，总的看来，“意志”之所以是自由的，因为规定意志的可以是自主的“理性”，是拥有自我规定和自我立法能力的“理性”。因此，“自由”的概念本质上是通过“理性”规定而可能的，由此“通过自由意志而可能”的“实践的”也只能是因为理性规定而可能的。所以，“通过自由意志而可能”的“实践的”本质上必须是理性的。问题只是，在规定意志的问题上，理性是“纯粹的”还是带有“经验的”因素的。所以，不是理性和非理性的区分，意志规定问题上的纯粹和经验的区分才是关键。对于康德哲学，就“通过自由意志而可能”的“实践”概念的意义来说，需要考虑的只是“理性”，确切地说，是“理性的实践运用”。所谓非理性的因素，对于“实践”，没有可与“理性”相比的规定性作用。总而言之，“实践的”总是关于“理性”的。如果说有这种“实践的”意义上的“实践”，那么它也是关于“理性”的。

既然这样的“实践的”是理性的一种运用意义上的“实践的”，并且，所有所谓“非理性”的因素在康德哲学中对于哲学意义的“实践的”来说都不是规定性的或原则性的，而这种“实践的”只是“理性的实践（的）运用”意义上的“实践的”，那么，在“理性”的运用意义上，真正能与作为“理性的实践运用”相区别或者相对立的就是“理性”的另一种或者一些运用。事实上，对于康德来说，“理性”只有“实践的”和“理论的”两种运用。① 在《纯粹理性批判》中，康德宣称，“实践理性”是“理论理性”之外唯一的理性运用方式。理性的形而上学虽然在理性的理论运用中毫无成果，但是按照《纯粹理性批判》的表述，尽管当时“理性的实践运用”的展开还不是现实，我们仍可期望，它在“理性的实践运用”中有其价值或重要性。② 就此而言，“理性的理论运用”一开始就是和“理性的实践运用”相区别的。至于统一“自然”和“自由”领域的“判断力”，由于它是不同于“理性”的一种能力，它并不是“理性”的某种运用，因此，它不是与“理性的实践运用”相对立的。不过，它也不是在理性运用之外的能够与“理性”相对立的“非理性”的因素。不过，鉴于康德的“理性”和“自由”意义上的“实践的”概念还不具有通常所谓人类活动的意义，我们甚至不能由康德对于

---

① 康德：《纯粹理性批判》，邓晓芒译，人民出版社 2004 年版，第 606 页。
② 康德：《纯粹理性批判》，邓晓芒译，人民出版社 2004 年版，第 609 页。

"理论理性"和"实践理性"的划分就直接断言，对于康德来说，"实践的"和"理论的"是人类的两种基本活动方式，更不用说它们的区分穷尽了人类的活动形态。但是，我们至少可以明确，对于如此界定的哲学意义的"实践的"来说，"理论的"和"实践的"是基本的区分。

（三）"自由"与"实践（的）"

如果说"理性的实践运用"和"理性的理论运用"的区分是决定于"自由"和"自然"的分殊的话，我们不得不考察的一个问题是，这种"自由"和"自然"到底是何种意义上的"自由"和"自然"？或者，特别需要注意的是，这种"自由"到底是什么意义的"自由"？因为康德明文区分了两种"自由"：一种是"先验的自由"，它是"理性的理论运用"中所思考的"自由"，我们对之无法取得有经验支持的认识；一种是"实践的自由"。[①]就此而言，一方面是"自由"与"自然"的分殊先行规定了严格的"理性的实践的运用"和"理论运用"的区分，"实践"因为"自由"而获得其内涵；另一方面，与"自然"相对的"自由"的意义却可以以"实践的"和"先验的"概念来区分。这似乎是一种循环。

这是否又只是概念使用的一种无伤大雅的疏忽呢？如果是，那么我们只要调整一下概念使用就行了。不过，即使如此，这也是界定"实践的"意义的另一个难得的契机。康德哲学并不因此就必定陷入困境。因为，康德哲学对这些概念的不严格的运用，

---

① 康德：《纯粹理性批判》，邓晓芒译，人民出版社 2004 年版，第 610 页。

也为更灵活地理解和解决其所可能面临的问题留下了余地。我们接下来会发现，事实上，康德哲学本身就包含了在实质上避免这种循环的出路。

从康德的立场出发，可以做出这样的辨析：所谓“实践的自由”和“先验的自由”，确切地说，分别是“实践理性”所规定的“自由”和“理论理性”所思考的“自由”，二者事实上是同一种“自由”，其差别只是出于“理性”的不同运用。根据康德的观点，前者是以后者为前提的，但是只是前者才有可能获得实在性，后者是不能在“理论理性”的领地被认识的。[①] 作为一个先验概念的“自由”，在现象世界或者说“自然”领域是不能获得经验支持的。因此，理性对于这种“自由”的认识的尝试实际上有别于“理性的理论运用”，康德称这样运用的理性为“思辨理性”。不过，这种“思辨理性”还只是“理论理性”的一种，它并没有超出康德关于“理论理性”和“实践理性”的区分。[②] 另一方面，“理性的实践运用”就是“理性”对于意志的规定，这种规定不是“理性”的思辨。就此而言，这种“实践的自由”中的“实践的”无论直接来说从何种意义上被定义，它都仍然是按照“理论理性”和“实践理性”的区分被规定的。然而，这种区分的界定，归根结底仍然是以“自由”和“自然”的区分为前提的，也就是说，“实践（的）”仍然是以“自由”为前提的。所以，循环的阴影依然存在。

如此一来，至少“自由”就不再仅仅是被其所定义的“实践

① 康德：《纯粹理性批判》邓晓芒译，人民出版社 2004 年版，第 610 页。
② 康德：《纯粹理性批判》邓晓芒译，人民出版社 2004 年版，第 501 页。

（的）”划分为两种意义的自由，而是本质上唯一的一种自由。因此，“实践（的）”如果是被“自由”规定而不是相反的话，它也能够获得单一而严格的意义了。不过，这唯一意义的“自由”是否仍在某种意义上为“实践的”所规定呢？如果是，那么循环依然在；如果不是，那么，要么我们不能再借助“实践（的）”做出两种“自由”的区分——但实际上，康德正是在这一区分的基础上展开其对“实践（的）”和“自由”的探讨的①——要么，因为“实践（的）”与“自由”毕竟是相关的，我们需要探寻，由于“实践的”按照定义就是自由的，“自由”是否本质上是“实践的”呢？如果不是，那么，“自由”在某些意义上可能不是“实践的”；如果是，也就意味着“自由”和“实践”有着本质上的某种关联。

所以，我们此处的问题归根结底仍然是，“实践的”的确切意义是什么。而对这一问题的回答，必须与确切的“自由”是什么的问题相联系。我们可以首先排除这种规定：“自由”的“实践”是通常意义上的“实践”的可能性，虽然那也是避免这种循环的一个出路。我们仍然需要在此预先确认的是，康德关于“实践（的）理性”和“理论（的）理性”的划分是基于“自由”和“自然”的概念，而其中的“实践的”正是“通过自由意志而可能”的。

具体说来，如果哲学意义上的“实践的”本质上是自由的，那么至少在某些意义上，“自由”是“实践的”。虽然在另一些意义上，这同一种“自由”有可能并不是“实践的”。但是，如若如此，这也就意味着“自由”有可能并不是因为“实践”而成为

① 康德：《纯粹理性批判》，邓晓芒译，人民出版社2004年版，第610页。

自由的，并且，存在某种“自由”，它是“非实践的”，但是这种“非实践的”“自由”又是“通过（这种）自由而可能”的。这种所谓“非实践”的，却也符合“实践的”定义，并因此是“实践的”。这无疑是一种悖论。康德本人在以“通过自由意志而可能”定义“实践的”的时候，并没有对用以定义的“自由”做出任何区分。如果他做出的“实践的自由”与“先验的自由”的区分是定义“实践的”的前提，那么，很显然，这是一种循环。

所以，“实践的”对于“自由”无论是在何种意义上加以规定，循环都不可避免，即使它们之间没有任何实质性的相互规定关系，如果在规定“实践的”的“自由”之外还有其他按照定义使得“实践的”成为可能的“自由”，那么循环仍然不可避免。但是，如果我们只是做出这样的限定，即，所谓“实践的自由”和“先验的自由”不是对于“自由”的分类或者规定，而是对于“理性”的规定，并且“自由”归根结底就是“实践的”，那么，我们可以说，所谓“实践的自由”与“先验的自由”本质上都是使得“实践的”成为可能的“自由”。严格来说，它们分别是为“实践理性”所规定的“自由”和为“思辨理性”所思考的“自由”。因此，这里可以确定的是，“实践的”是“自由的”，而“自由的”也是“实践的”。

最后，即使我们在限定的意义上避免了上述循环，但是我们没有为“自由”和“实践的”内涵增添丝毫因素；相反，我们只是将它们限定到近乎等值的意义上。这样做还是有收获的，因为这种限定表明，“自由”和“实践的”意义仍然是空洞的，仅仅由“自由”来定义“实践的”是缺乏内容的。

不过，即使“自由”不足以赋予“实践（的）”东西以内容，这种意义的“实践（的）”的重要性还是会因为“自由”的优越性而彰显出来。

由于康德按照“自由”和“自然”的概念界定“实践理性”和“理论理性”的领地，除非我们将“自由”和“自然”概念的意义的语法关联提升为原则性的，否则，我们不难看出，对于康德哲学来说，“自然”概念只能是理论性的。“自然”概念仍然只在其自身的领域具备有效性，它没有一种超拔出自身之外的自主性。而“自由”概念则不同。按照康德哲学，“自由”是有自身的目的的，它能够自主地超出自身，进而关涉“自然”的领域，在“自然”的领域产生结果，甚至赋予“自然”以目的。但是，“自然”不能延伸到“自由”的领域。“自由”能够在“自然”中产生结果，赋予“自然”以目的，但是“自然”并不能在“自由”中产生结果，也不能在自身之中生发出目的。①

另外，“自由”首先指的是“意志”的“自由”。“意志”本身并不是独立的决断力，它必须受其他因素的规定。作为一种“自然”现象，“意志”受“自然”因素的规定，并因此服从“自然”因果律。就此而言，“自由”在其中是没有自己的位置的。但是，对于康德来说，人本质上是有“理性”的。“理性”并不受“自然”因果律的决定，它是自我立法的功能。如果“理性”成为规定“意志”的原因，那么“意志”就不受“自然”的必然因果律的支配，就此而言，“意志”是自由的。而规定“意志”，为“意志”立法的“理性”，也可以在相关意义上被称

① 康德：《判断力批判》，邓晓芒译，人民出版社2002年版，第10，31页。

为“自由的”。“理性”对于“意志”的规定是“理性的实践运用”。因此，一方面，“理性”本身不受经验性因素的影响，不在时间之中，不受制于必然的因果律，它因此是（在消极的意义上）自由的；另一方面，“理性”能够为“自由意志”立法，在现有的经验之外发出“应该是”的事实，就此而言，它也是（在积极的意义上）是自由的。[①] 总而言之，“理性”本质上是自由的，因为它是自由的，所以它才是“实践的”；它之所以是“实践的”，并不在于我们特别限定它于“实践的”运用。但是，由于“实践（的）”是“通过自由意志而可能”的，我们可以就此说，作为“自由”依据的“理性”本质上是“实践的”。相较而言，“自然”只是外在于理性的对象，理性并不在其中，不受其规定。所以，就人的本质来说，理性的“自由”是高于“自然”的。

正是“自由”的这种优越性，使得“自由”在“理性的理论运用”领域投射出不能为“理论理性”所认识的可能性，唯有“理性的实践运用”才能使之成为现实的。这样我们也能更好地理解，为什么事实上只有一种意义的“自由”，所谓“实践的自由”，就此而言，就是“自由”。由于“自由”在“理性的理论运用”领域是不能被认识的，“理性”在其理论的运用中认识“自由”的尝试是徒劳的。所谓“先验的自由”，只是“理性”在其理论的运用中对“自由”的思考而已。“理性”在理论的运用上只能是调节性的。“理性的理论运用”和“理性的实践运用”是有不同后果的。明显，“理性”在实践的运用中是积极的（自

① 康德：《实践理性批判》，邓晓芒译，杨祖陶校，人民出版社 2003 年版，第 44 页。

由的)，而在理论的运用中则是消极的（自由的)。

事实上，康德也多次明确表述过“实践理性”相对于“理论理性”的优越性。就这对源自“自由”和“自然”的区分而言，我们也可以说这种优越性源自“自由”相对于“自然”的优越性。但归根结底是因为，“理性”是“自由”的依据，“理性”本质上是自由的。这种优越性也可以表述为“理性的实践运用”相对于“理性的理论运用”的优越性。虽然在认识的意义上，“理论理性”比“实践理性”可以达到更大的确定性，但是，如果理性的运用没有其自身的价值或利益的话，再明晰的确定性也是徒劳无益的。对康德来说，“理性的实践运用”为“理性的理论运用”提供意义或者目的，因为后者根本不能为自己确立任何意义和目的。而“理性”本质上是能够确定自己的价值或目的的。这种价值或目的是“理性”在其实践运用中颁布的。“实践理性”是“理性”利益的根本之所在。按照康德的说法，他的批判哲学的目的之一就是限定知识，以为信仰留下余地。① 信仰处于“自由”的领地，康德整个哲学的目的与意义都在于此。

就目的和价值而言，对于“实践的”的界定不仅是对“自由”的领域有意义，也对“自然”的领域有意义。

（四）“道德”与“实践（的）”

在《纯粹理性批判》中，就论证的次序而言，“理论理性”和“实践理性”的区分是康德哲学论证的结构性前提。因为，康

①康德：《纯粹理性批判》，邓晓芒译，人民出版社 2004 年版，第 22 页。

德在那里的一个重要目标是限制“理性的理论运用”，而为“理性的实践运用”留下余地。[①] 但是，在《实践理性批判》中，按照行文的次序来说，“理论理性”和“实践理性”区分中的“实践（的）”，最初并不是在“通过自由意志而可能”的意义上被给定的。在这部著作的“序言”中，“实践理性”概念本身不是简单而直接地给定的。因为，这部著作的任务是批判“一般的实践理性”，而不是“纯粹的实践理性”。它要阐明的是“纯粹的实践理性”，并为此批判“一般的实践理性”。[②] 它沿袭了《纯粹理性批判》的思路，仍然预设了“理论理性”和“实践理性”的区分。但是，对于康德来说，反对“实践理性”或者它存在的现实性的立场仍然是需要处理的，所以他宣称，要证明“实践理性”的现实性，必须首先证明“理性作为纯粹理性现实地是实践的”。[③]严格地说，理性的“实践的”运用并不现实地就是给定的。也就是说，“实践的”这一概念在《实践理性批判》中并不是一开始就给定的。相反，问题正在于，纯粹理性是否“现实地是实践的”，也就是说，“实践的”的现实性是首要的问题。

纯粹理性的实践现实性仍有待证明，其原因是，“自由”的实在性不是给定的。对于“理性的理论运用”的阐释和限定，尽管已经有了“先验的自由”概念，但是这一概念是不能在理论层面获得经验的支持从而被认识的，它仍然仅仅是可思的，其实在性还是悬置着的。准确地说，正是由于“自由”的实在

①康德：《纯粹理性批判》，邓晓芒译，人民出版社 2004 年版，第 22 页。

②③ 康德：《纯粹理性批判》，邓晓芒译，人民出版社 2004 年版，第 1 页。

性还未确认，所以“现实地实践的”的意义仍然是有待确认的。也就是说，既然“自然”和“自由”的概念为区分“理论（的）理性”和“实践（的）理性”打下了基础，那么，在“理性”和“自由”都不确定的情况下，“实践的”的确切内涵还是无从谈起。

即使如此，康德在《实践理性批判》中终究还是延续了《纯粹理性批判》的用法，区分“实践理性”和“理论理性”。因为，这一对区分太过关键，没有它，前后两个批判的基本任务就无从展开。事实上，康德的这种运用不能说是不严格的。即使没有完全确定“自由”和“自然”的确切意义，在形式上区别“理论理性”和“实践理性”，并据此开始对两个领域分别考察还是可能的。因为，虽然康德原则上并不能预先严格地以“自由意志”定义“实践（的）理性”中的“实践（的）”，但是他可以相对模糊地从规定“意志”的意义上暂时确立“实践（的）”的宽泛意义。按照他的说法，与“关心单纯认识能力的对象”的“理性的理论运用”相对，“理性的实践运用”“关心的是意志规定的根据”。[①] 这里的“意志”不是“自由意志”，因为“这种意志要么是一种产生出与表象相符合的对象的能力，要么毕竟是一种自己规定自己去造成这些对象、亦即规定自己的原因性的能力”。[②]所以，如此界定的“实践的”与“通过自由意志而可能”的“实践的”是有出入的。也就是说，它还不是被“自由”所规定的。而且按照上文曾经提到过的康德在某些场合的说法，“理论理性”所要认知的是先天必然的关于“什么是”的知识，而“实践理

①② 康德：《纯粹理性批判》，邓晓芒译，人民出版社 2004 年版，第 16 页。

性”所要认知的是先天必然的关于“什么应该是”的知识。这种“应该”的知识并不一定是“纯粹理性”所要求的“现实地实践的”。因为，如果上述两种“实践的”定义中的“意志”是由自然因素决定的话，那么“意志”并不是自由的，而“纯粹理性”也不是“意志”的规定因素，因此，不可能有什么“现实地实践的”。

不过，这样一来，一方面，康德足以阶段性地确定在“理性”的理论运用之外有理性对于“意志”的规定；另一方面，在这种运用的现实实践性未被确定的情况下，可以明确的是，被考察的首先是“纯粹理性”。也就是说，在“理性”的实践性还未被确认为现实的时候，很明显，“理性”将只是“理性本身”，而不仅仅是“理性”在某些场合的运用。这也进一步证明，就“理性的实践运用”是“理性的纯粹运用”而言，“实践理性”是高于“理论理性”的，并且它的优越性取决于“纯粹理性”是否“现实地是实践的”。所以，首要的问题终究还是“纯粹理性”是否真的“现实地”就是“实践的”。

就这种“实践的”严格来说是“通过自由意志而可能”而言，这一问题实质上也是在问：“是否单有纯粹理性本身就足以对意志进行规定，还是它只能作为以经验性为条件的理性才是意志的规定根据。”[①] 如果说“自由”在消极的意义上是不受制于经验自然领域的必然因果律的话，那么，“纯粹理性”独立地规定“意志”，就意味着“意志”是能够不受必然因果律支配而成为自由的。如果就此证明了“自由”“现实地”既是人类“意

① 康德：《纯粹理性批判》，邓晓芒译，人民出版社2004年版，第16页。

志”的属性，那么同样可以得到说明的是，只有“纯粹理性”而不是受到经验局限的“理性”，才是无条件地“实践的”。

从根本上说，这些问题的回答取决于确认“纯粹理性”的先天必然“道德律”。“道德律”就是关于“什么应该是”的先天必然知识或者说法则。规定“意志”的命题如果只被主体看作是对他有效的，那么这种规定就是主观的，并非先天必然的，被称为“准则”；如果它被认为是对每个“有理性的存在者”的“意志”都是有效的，那么它就是客观的，是实践的“法则”。

康德认为，“实践的规则任何时候都是理性的产物，因为它把行动规定为达到作为目的的效果的手段。但是这种规则对于一个不完全以理性作为意志的惟一规定根据的存在者来说是一种命令……”① 这种“命令”要是只考虑结果的充分性进而由此规定“理性存在者”的“意志”的话，这种“命令”就是“假言命令”；如果它只是规定“意志”而不管结果的话，它就是“定言”或者“绝对命令”。所以，“假言命令”是有条件的，它是考虑到自然界中被欲求的结果来规定“意志”的。任何以质料或者结果为“意志”规定根据的“假言命令”式的规则都不是先天必然的原则，亦即不是“法则”。因为，经验领域的这些规则的条件不可能是普遍的，当这些条件变化了的时候，也就是说条件不具备的时候，这些规则就失去了其有效性。但是，也因为处于现象界，这种规则仍然受制于“自然”的必然因果律，受其规定的“意志”仍然不是自由的。接受这种规则的理性不是纯粹的，并且不是严格意义上“实践的”。这些内容在消极的意义上构成了

① 康德：《纯粹理性批判》，邓晓芒译，人民出版社2004年版，第22页。

康德关于实践规则的“定理”。相应的，对康德来说，足以成为积极意义的“实践定理”的是，“如果一个有理性的存在者应当把他的准则思考为实践的普遍法则，那么他就只能把这些准则思考为这样一些不是按照质料，而只是按照形式包含有意志的规定根据的原则。”① 据此，康德推定，按照作为结果或者质料的经验性因素规定意志的规则是不可能具备充分决定“意志”的功能的。

然而，如果说唯有准则的单纯形式才是“意志”的充分规定根据的话，那么由此被规定的“意志”就是自由的。因为如果没有“自然”因素作为“意志”的规定根据，而只有“理性”的普遍立法形式用作“意志”的规定的话，这样被规定的“意志”就是完全独立于“自然”领域的必然因果法则的。这种“独立性”，按照康德的说法，是“在最严格的理解上、即在先验的理解上，就叫做自由”②。“惟有准则的单纯立法形式才能充当其法则的意志，就是自由意志。”③ 进而言之，如果“意志”是自由的，那么唯一适合于对它必然规定的法则，就只能是准则的单纯立法形式了。不过，对于“自由”概念，如此确认的只是意义，其实在性还是未知的。

至此，“纯粹实践理性的基本法则”就能够被确认了：“要这样行动，使得你的意志的准则任何时候都能同时被看作一个普遍立法的原则。”④ 这条原则是无条件的，它要求我们应当绝对地以

---

① 康德：《纯粹理性批判》，邓晓芒译，人民出版社 2004 年版，第 33 页：定理Ⅲ。

② 康德：《纯粹理性批判》，邓晓芒译，人民出版社 2004 年版，第 36 页。

③ 康德：《纯粹理性批判》，邓晓芒译，人民出版社 2004 年版，第 37 页。

④ 康德：《纯粹理性批判》，邓晓芒译，人民出版社 2004 年版，第 39 页：纯粹实践理性的基本法则。

某种方式行事。“意志”是直接地、绝对地被规定的，它是法则的单纯形式，是一切准则的最高条件。“理性”因此是纯粹的，独立于一切经验性因素的。不仅如此，“理性”通过颁布这一法则，也表明自己是“原始地立法的”。这一法则是“理性”为自己的意志设立的客观的普遍有效的法则，是规定“意志”的无条件的根据，“意志”因此是现实地自由的。这是“意志”的“自律”，而不是来自外在经验自然因素规定的“他律”。“自由”至此就获得了它的实在性。不过，这种实在性不是来自什么纯粹的直观，而是来源于我们对这个“理性”所颁布的基本法则的意识，意识到这一法则对于“意志”的客观普遍有效的规定是一个“理性的事实”，意识到“意志自律”的事实。

因此，康德推定，“纯粹理性单就自身而言就是实践的”①。在“自由”至此获得了最严格的意义和实在性的情况下，这种“实践的”也是最严格的。康德称理性所颁布的这一法则为“道德律”或者“德行法则”。这样，可以说，唯一地受“道德律”规定的“意志”才是自由的。也就是说，“自律”的“意志”才是自由的。所以，“通过自由意志而可能”的“实践的”东西，严格说来就是受“道德律”规定的。

对于“实践的”的定义，“规定意志”或者“赋予意志的原因性以规则”显然比“通过自由意志而可能”更为严格；而“规定自由意志”或者“赋予自由意志的原因性以规则”明显更为严格。如果规定“意志”的是“自然”因素，此种意义上的“实践的”是“技术上实践的”，就此而言，“意志”并不是自由的；如

① 康德：《纯粹理性批判》，邓晓芒译，人民出版社 2004 年版，第 41 页；绎理。

果规定“意志”的是“自由”概念，那么这里的“实践的”是“道德上实践的”，这里的“自由”是现实的。前者的法则是一种“实用法则”，而后者的法则是“德行法则”或者“道德律”。所以，最严格意义的“实践的”就是“意志”受“道德律”规定意义上的“实践的”。

我们是否可以就此直接断言，“道德实践”就是严格意义的“实践的”。乍一看，这种结论似乎很明晰和令人信服。实际上，在目前的论证背景下，它掩盖了另一个未受规定的概念，即所谓“道德实践”中的“实践”。因为，如果说这种“实践”是严格意义的“实践的”，那么“实践的”“东西”到底是什么呢？如果我们将之解释为活动或者行动，那么，到目前为止，对“实践”的哲学意义的阐释只能归于无法继续，因为最终确定的仍然只是哲学意义的“实践的”，而不是“实践”，似乎要使用“实践”概念，还是得不加辨析地诉诸通常的意义；即使这种意义在作为活动或者行动的意义上在此是合适的，但这一点是未经过阐释的。另外，即使不使用通常意义的“实践”，我们仍然不能就此直接断言，道德行动或者道德活动是严格意义的“实践”，尽管这种断言有可能在某些意义上是正确的。因为，对康德来说，完整的道德行为不仅仅是简单的“纯粹理性”颁布“道德律”规定“自由意志”，也许只有完整意义上的道德行为才有可能是“道德实践”，即严格意义的“实践”。

如果“意志”仅仅是符合“道德律”的规定，同时也借助于某种情感，而不是为了法则本身，那么，这种行动虽然包含“合法性”，但是不包含“道德性”。因此，如果一个行动只是符合

"道德律"，而产生这一行动的"意志"并不是直接地受"道德律"的规定，那么，这种行动就不是道德行动，因而就更不能称得上是"道德实践"了。如果说"道德律"是规定"意志"行动的客观根据的话，那么，在现实的行动中，还应该有规定行动者意志的主观根据，那就是"动机"。如果一个人在行动时的"意志"不是以"道德律"为动机的，无论他的行动是否符合"道德律"，都不是道德行为，不是严格意义上"实践的"。行动要成为"道德实践"，需要在主观动机上不断排除经验性因素或者说情感的干扰，拒绝一切感性冲动，在与之战斗的意义上唯一的忠实于"道德律"。但是，由于人不仅仅是"理性"的存在者，同时也是有感性冲动的现象界的居民，人不是能够天生就不受感性因素的影响的。因此，"道德律"需要以"绝对命令"的形式出现，而人注定需要不断地在主观上排除感性因素对"意志"和"理性"的干扰，这样才有可能使自己的行动成为"道德实践"。不过，对于作为"有限的理性存在者"的人来说，这并不是给定的或者能轻易达到的。换言之，人要获得"自由"，就必须不断地努力以纯粹的"道德律"为唯一的动机，在此过程中，原则上我们可以说，严格意义的"道德实践"也是人类行动的理想。

另一方面，无论"意志"的规定根据是什么，唯有通过"行动"，"意志"才能"现实地"造成对象。道德行为是一种由"道德律"规定的行为。"道德律"对于"意志"的规定，只有在实际的道德行为之中才能成为现实的。事实上，对于康德来说，"道德律"所要求的义务本身就意味着无条件地执行，因此，本身就意味着绝对地遵照"道德律"并且为了"道德律"而行为。一种可以不执行的“道德律”是与“道德律”和义务的定义相违背的，因为“道德律”就是无条件的绝对命令。道德本质上是行动的，道德本质上就是“道德实践”。不过，对于作为“有限的理性存在者”的人，行动并不总是能够完全符合和出自“道德律”的。即使我们可以说我们的某些活动是道德行动，但是，严格说来，“道德实践”仍然是行动的理想，因为在一个“自然”的世界里，遵照“自由”的法则或者“道德律”而执行的行动是需要借助自然法则的，“道德实践”所要求的执行、扩展以及“实践理性”所要求的一致性都对行动的合法性和道德性提出了挑战。

所以，只有在行动绝对地执行了“道德律”的无条件绝对命令，并且以道德本身为动机的时候，行动才是道德性的，“道德律”的立法和对“意志”的规定才是现实的，“意志”才是真正自由的。这种意义上的行动是以“道德实践”为理想的。“道德实践”真正使人成为自由的，“道德实践”就是严格意义的“实践”概念。虽然康德并未曾明文做出这一界定，但是，原则上，他对于“实践（的）”的用法以及其实践哲学的内涵就要求我们在此意义上理解他所说的“实践（的）”。

对于“道德实践”来说，规定于“道德律”的动机和行动本身固然重要，行动的“对象”同样不可忽视。虽然对于“道德实践”来说，“对象”并不是本质性的，但是“对象”并不因此是可忽视的。因为道德或者说“德行”尽管是最高的善，但是它并不是唯一的善。对于有限的理性存在者来说，完满的善还包括“幸福”在内。

“意志”作为一种通过行动产生或者造成对象的因果性能力，总是有作为其可能后果的行动的对象的。成为“意志”规定根据的，要么是欲求能力的客体，要么是“实践理性”所颁布的立法形式。就“实践理性”作为规定“自由意志”的根据而言，“意志”的对象在某些意义上也就是“实践理性”的对象。准确地说，根据康德，“评判某物是不是一个纯粹的实践理性的对象，也不过是在辨别是否有可能愿意有那样一个行动，这将使得某个客体当我们有这种能力（对此必须由经验来判断）时成为现实的。”① 如果这个客体或者说对象成为我们欲求能力的规定根据，那么，对于它是不是“实践理性”对象的评判就后于使它在身体上成为可能的我们的诸能力在行动中的自由运用。但如果被视为行动规定依据的是先天法则和“实践理性”，那么，这时行动在道德上的可能性就是先行的了，而问题只在于我们是否愿意有这样一个针对某个客体或者说对象的实存的行动。因此，如果我们将欲求能力的必然对象理解为“善”，而将厌恶能力的必然对象理解为“恶”的话，那么，“实践理性的惟一客体就是那些善和恶的客体”。②

不过，对于道德来说，对象并不是决定性的因素。因为如果是对象而不是由“德行法则”作为规定其相应“意志”的根据的话，那么，如此规定的行为就不是道德意义上的行为，而这种对象也因此不是道德的对象。换句话说，如果对象是经验性的因素的话，由之规定的“意志”及相应的行为就不是先天必然的，并

---

① 康德：《纯粹理性批判》，邓晓芒译，人民出版社 2004 年版，第 68 页。
② 康德：《纯粹理性批判》，邓晓芒译，人民出版社 2004 年版，第 79 页。

且，因为受制于“自然”规律而不是自由的，这样的行为就此而言不是“实践的”，也不是道德性的。然而，即使行为的对象不是经验性的因素，如果“意志”的对象不是以实践法则为根据，而是反过来要规定实践法则的话，相应的行为仍然不是道德性的。因为，如此一来，所谓实践法则就是有条件的，并不是绝对有效的。所以，康德将作为欲求能力对象的感官性的快意和不快称为“福”（幸福）和“祸”，以与按照“道德律”纯粹先天的与“意志”相关的对象，即“善”和“恶”区分开来。根据“幸福”只能产生有条件的手段性的规则，而不能达到先天的实践法则。

但是，即使是“善”和“恶”的概念，也不能作为对“德行法则”或者“道德律”的规定根据，而只能在先天规定“意志”的“德行法则”之后由之得到规定。因为，如果“善”和“恶”成为“意志”唯一的规定根据的话，就没有什么先天实践法则作为准绳，而悬而未决的“善”和“恶”的标准也就因此有可能为经验性的“快意”和“不快”决定，如此一来，所确定的实践法则仍然不会是纯粹先天的。这样，道德的至上原则甚至“道德律”都会因此被取消。

显然，对于康德来说，“道德律”是理性先天地给予自身的，在“善”或者“至善”的概念中寻求道德法则的根据乃是一种迷误。因为，从“幸福”之中终归是不能获得德行法则或者道德律的。由“德行”或者“道德”的概念推出“幸福”，同样是一种错谬。

将“意志”产生对象的行为作为规定“意志”的后果，是感官世界的现象。因此，即使对于“道德意志”来说，行为也不仅仅是“自由”领域的事情，“道德意志”也仍然是在“自然”中产生或者造成对象的能力。就此而言，道德行为是必须结合“自由”和“自然”两个领域的。而“道德实践”不仅是“自由”领域的实践，而且是“自由”在“自然”领域产生或者造成对象意义上的“实践”。不过，虽然道德行为所依据的是先天必然的“自由”法则，但是在“自然”中，它的结果是否如期发生也取决于它是否符合“自然”法则。二者的联合需要借助实践的判断力。不过，在此要强调的只是，由于自然的法则与自由的法则是原则上不同的法则，按照自由法则期望的结果不一定能够在自然的领域实现。换句话说，“道德”或“德性”是不能导致“幸福”的。

虽然德性相对于“善”和“幸福”来说是至上的，可以说是至上的善，但是，对于有限的存在者来说，作为其欲求能力的全部而完满的对象的并不是“德性”这样一种“至上的善”。“至善”还要求有“幸福”。对康德来说，这不仅是就使自己成为目的的个人意见而言，也是就把世上一般人视为目的本身的某种无偏见的理性的判断而言。因为，具有欲求能力的人需要“幸福”，拥有“德性”的人配得上“幸福”，如果这样的话，人还不能分享“幸福”，我们不能说这就是完满的。因此，“德性”和“幸福”一起构成了人对“至善”的占有。同时，作为完满的善的“至善”，意味着“德性”与“幸福”按比例有序分配的整体，其中，“德性”作为条件始终是“至上的善”，它没有超越于其上的其他条件；而“幸福”虽然在使占有者快适的意义上是好的，但它并不是绝对的善，并且，它任何时候都是以道德的合乎法则的行为作为前提条件的。

康德认为，人的本性的使命就是追求“至善”。[①] 因此，“德性”和“幸福”的统一始终是一个亟待解决的问题。这个问题也意味着：“至善在实践中是如何可能的？”

“德性”和“幸福”的统一，要么是分析的（逻辑的联结），要么是综合的（实在的结合）。前者是依据同一律，而后者依据的是因果律。前面的分析已经表明，“幸福”和“德性”是两个完全不同的要素，一个出自经验性的感官快意，一个在于理性为自由意志的纯粹先天立法，因而它们的关系不可能是分析的。因而，“德性”与“幸福”如果终究要在“至善”中统一的话，它们所依据的只能是因果性的综合。

正是在“德性”与“幸福”因果性的综合上，“实践理性”遇到了更为根本性的困难。因为，“至善”是一种“实践的”的善，“亦即通过行动而可能的东西”，[②] 所以，“要么对于幸福的欲求必须是德行的准则的动因，要么德性准则必须是对幸福的起作用的原因”。[③] 由于把“意志”的规定根据设置为对“幸福”的追求的那些准则根本不是道德性的，因此前者是绝对不可能的。而后者也是不可能的：我们不可能指望在现世，即“自然”规律支配的领域通过严格遵守“道德律”而达到“幸福”，并由此达到“德性”和“幸福”的必然联结，因为在现世中，原因和结果的联结不是取决于“意志”的道德意向，而是取决于“对自然规

① 康德：《纯粹理性批判》，邓晓芒译，人民出版社 2004 年版，第 200 页。
② 康德：《纯粹理性批判》，邓晓芒译，人民出版社 2004 年版，第 155 页。
③ 康德：《纯粹理性批判》，邓晓芒译，人民出版社 2004 年版，第 156 页。

律的知识和将这种知识用于自己的意图的身体上的能力”。[①] 所以，“幸福”和“德性”的这两种联结不是不可能的，“至善”因此在“实践上”是不可能的。这样，“实践理性”就陷入了关于“至善”的二律背反。

我们需要注意这里的“实践的”，它是“通过行动而可能的关系”，不是严格意义上的“实践的”，即“道德的”。与之相关的是，既然“至善”按照这种“实践的”规则是不可能的，那么命令人促进“至善”的那条“道德律”也必定是虚假的。如若如此，“道德实践”也是不可能的，或者说是虚假的。

但是，除非我们牺牲“道德律”的至上性，否则我们是不能接受这一点的。可以说，“道德律”的必然不是来自“至善”，而在于它本身就是单纯立法形式。事实上，解决这一二律背反的关键就在于“道德律”，在于我们要在道德的意义上，从而在真正严格的“实践的”的意义上理解“至善”。因为，按照“道德律”，“纯粹实践理性”的二律背反的第一个命题是绝对错误的，因为依据“幸福”是不可能产生普遍实践法则的。至于第二个命题，只是当我们把道德意向看作感观世界的因果性的时候，它才是错的，因而它是有条件的错的。不过，“道德律”本质上是“实践理性”为“自由意志”所立的先天纯粹的立法形式，所以它首先并不是感观世界的，而如果我们将遵守道德律的我们自己的存有理解知性世界的本体（不朽的灵魂）的话，那么意向的“德性”作为原因与感官世界的结果之间借助于一个理知的自然创造者（上帝）拥有间接但是必然的关联，不是不可能的。“至

① 康德：《纯粹理性批判》，邓晓芒译，人民出版社 2004 年版，第 156 页。

善”是被从道德上规定的“意志”的必然的最高目的，它在现世中的实现是一个可以通过“道德律”来规定的“意志”的必然客体。因此，既然“道德律”是“理性”先天必然的法则，那么达到“至善”所需的关于不朽的灵魂和上帝的悬设就在“实践上”是必然的。而“至善”因此也在“实践上”是必然与“道德”、与严格意义上的“实践”即“道德实践”相关联，从而作为后者的必然和最高追求。“德性”与“幸福”由此就在至善中“实践”的达到了综合。

这种综合是“实践性的”，是在“必须通过我们的意志使之实现的至善中”的。[①] 具体地说，就“至善”中“德性”是至上的先天条件，而“幸福”是欲求能力的对象但并非“自由意志”的规定性因素而言，这种“实践性”首先是道德意义上的“实践的”，也就是说，是严格意义的“实践的”。而“道德实践”也在此意义上因为对“至善”的追求获得了更为丰富的内涵。

关于“至善”的困难，虽然意味着“实践理性”不可避免地要面对与“理论理性”相似的辩证论的二律背反，但是，显然，康德有理由认为，“纯粹理性”在这种辩证论中所显示出的二律背反，是“人类理性历来所可能陷入过的最有好处的迷误”，因为它指示我们“揭示那我们未曾寻找却毕竟需要的东西，即对事物的一种更高、不变的秩序的展望，我们现在已经处于这种秩序中，并且我们从现在起就可以由确定的规范指导着，按照最高的理性规定在这个秩序中去继续我们的生活”。[②] 这种秩序是一种

① 康德：《纯粹理性批判》，邓晓芒译，人民出版社 2004 年版，第 155 页。
② 康德：《纯粹理性批判》，邓晓芒译，人民出版社 2004 年版，第 145 页。

“道德的”秩序，就这种“实践”严格地说是就“道德实践”而言，这种秩序是“实践的”秩序。

因此，作为“道德实践”的严格意义的“实践”概念，构成了康德哲学的核心，并规定着康德哲学所据以在其中运作的秩序整体。

三、通常意义的“实践”

在康德批判哲学的主体部分，“实践”概念的主要意义是上节所述的哲学意义。但是，在康德哲学的一般性文本或者一般性论点中，康德也在通常意义上使用“实践”概念。

不过，康德所使用的通常意义的“实践”，没有这一概念的日常用法的那种松散和模糊，他对这种通常意义的“实践”做出了较严谨的界定。根据康德的《论通常的说法：这在理论上可能是正确的，但在实践上是行不通的》一文，“实践”是一种活动，但是并非每种活动都是“实践”，“只有其目的的实现被设想为是某种普遍规划过程的结果的原则之后果的，才叫作实践”；而与之相对，“理论”是实践规律的总体，这种实践规律“被设想为是某种普遍性的原则，并且是从必然会影响到它们运用的大量条件之中抽象出来的”。①

与通常意义的“实践”的日常用法也许稍有不同，康德的界定很明显有两个侧重：一个是普遍原则，另一个是因果律。康德对通常意义上的“实践”的界定，是将其视为“普遍（规划）原则”（原因）的后果。就此而言，“实践”总是有待于“理论”

① 康德：《历史理性批判文集》，何兆武译，商务印书馆2005年版，第176页。

的，因为“理论”正是“普遍实践原则”的总体。而“理论”也是要用于“实践”的，因为它的规律是运用于现世的“实践”的规律。

康德认为，一个实践家如果看不起“理论”，他就是不称职的；而一个理论家如果不懂得“实践”，他就是有局限的。不过，“理论”和“实践”之间的联结并不是直接的。因为要把普遍的理论原则用于具体的行动，需要借助于另外的既不是理论也不是实践的能力，即判断力。判断力并不是在理论规律之外给出新的规律，也不是在行动的目的之外创设新的目的，它是实践者据以辨别行动中某件事物是不是理论规律的例证。所有的这种“理论”都是要运用于“实践”的。虽然并不是每种活动都是“实践”，但是能够称得上是“实践”的活动都是以“理论”为条件的。

在这样规定的“实践”和“理论”的意义上，无论是哲学意义的“理论”，即理论理性所处理的先天必然命题内容，还是“实践”，即实践理性所处理的先天必然命题，都是普遍的规则，都是通常意义上的“理论”。如此一来，与理论理性命题一样，“理性的实践运用”以及其中所谓“实践法则”都是“理论性”的。这样说来，无论是作为自然规律的理论还是作为“实践法则”的自由法则，都是有待“实践”的。

事实上，康德本人也在这样的意义上将这两种意义的“实践”运用在一起。一方面，他依照“自然”和“自由”的区分划分了“理论”和“实践”，但无论是“自然”还是“自由”，都是理论性的纯粹先天的概念，就此说来，关于它们及其所引申的概念的原则，都是通常意义上“理论”性的。如果说自然理论的“实践”是“实用的”或者“技术性”的“实践”的话，那么，自由法则的“实践”就是“道德的”“实践”。就此而言，两种意义的“实践”略有重合，因为哲学意义的“实践”也在自然和自由的范围内做过类似的界定。不过，需要注意的是，这样规定的“道德的”“实践”并不一定就是严格意义的“道德实践”，因为后者还要考虑动机的因素，并且其规定的根据是道德律，而不是其他因素。

四、“工具理性”与“道德实践”

在“道德意志”追求“至善”的“道德实践”中，人类的“实践理性”与“理论理性”是相互结合的。虽然这种结合原则上是借助“判断力”完成的，但是，这种结合从本质上说，是一种“实践的”的结合。因为，一方面，“判断力”并没有在“自由”和“自然”的领地之外增设新的领地，只是将“自然”的现象世界与“自由”的本体世界统一于其所分割之处，即“对象”概念；另一方面，“判断力”据以联结我们的“知性”和“理性”的“目的”，正是来自“道德意志”所追求的“至善”概念。所以，“实践理性”与“理论理性”的统一，本质上是统一于“道德实践”之中的。

对康德哲学来说，“实践”总是拥有自由意志和有限理性的存在者的“实践”。在“实践”的完整意义（或者说“道德实践”）上，我们可以说，“实践”是有限的理性存在者的理想生存方式，而“至善”是道德实践者的最终目标。即使是通常意义的“实践”，就它才能实现意志的目的特别是出自道德意志而言，也是人类活动的理想形态。这样看来，无论与何种意义的“实践”概念相对，“理论”都是处于附属地位的。对于“理论”的立场，事实上是一种有关“实践”的立场。这种立场将决定我们是在何种意义上体证“实践”这种生存方式。

不过，从“实践”相对于“理论”的这种优越性，不能引出通常意义上所谓“实践家”相对于“理论家”的优越性。因为，如果说“实践”或者“理论”毕竟是有意义的话，那是它们对于人的意义。“人是目的”，这是由康德所确认的“德行法则”中推出的一种至上的“道德律”。既然“实践”相对于“理论”的优先是来自于“道德律”，而同样作为人的“实践家”并不优越于“理论家”也是出自“道德律”的要求，那么，这两个判断就是内在统一的。

所以，“道德实践”本身就是人的生存理想，而人本身就是目的。但是，如果理性将“道德实践”作为辅助，将人作为实现目的的工具，那么这种“理性”就是所谓“工具理性”。就此，我们将从“道德实践”的要求出发，在“实践”的两种意义上界定“工具理性”的意义。

按照通常意义的“实践”，那种对目的不加考虑，仅仅致力于开发达到目的的手段的立场，常常被视为“工具理性”。这种“理性”对于人类的幸福和道德是具有破坏性的。因为，在其对于目的不加考虑的意义上，它对于人类的真正福祉并不了解，因而它寻求手段的努力是盲目的，并因此会是适得其反的；同样就其昧于目的而言，它意味着价值上的虚无，因为手段可以服从于任何一种目的，而“理性”如果只是工具的，那么世界真的就是“一切皆有可能”了。

对于“工具理性”的批判，要求我们为拯救价值而复苏自己对于目的的清醒意识。按照康德的说法，最高的目的就是“至善”。“至善”是“德性”与“幸福”的统一，是道德意志的先天对象。对于“工具理性”的批判也要求我们恢复道德的至上性。要觉醒我们的目的论意识，我们有必要进一步消除“工具理性”的影响。

如果说上述“工具理性”形式上说来是出自对通常意义的“实践”的理解的话，那么，原则上，我们也可以从更为严格的哲学意义的“实践”即“道德实践”出发，对“工具理性”做出另一个角度的界定。在“实践”意义上，由于“道德实践”的严格性，这种界定将会是更严格的，不过，它因此也会是相对狭窄的，可作为前一种界定的有益补充。

对“道德实践”来说，规定意志从而使之成为道德的，是理性颁布的单纯先天立法形式，而不是任何意义上的对象。因为，无论对象是什么，如果意志是由它规定而行动的法则因此由它导出的话，那么它就是行动法则的条件，这样的行动不可能是无条件的，也不可能是道德性的。就此而言，坐由对象规定意志的“理性”就是“工具理性”。

不过，对康德来说，这并不是一种“理性”，因为这种所谓“工具理性”，在实践上实际是意志规定于“自然”因素，而不是受“理性”的规定，其中，理性是被悬置的。“理性”对于康德本质上是自由和道德的，“工具性”因素只有在它服从于至善的目的并尊重道德的至上性的时候，才是从属于“理性”的。不过即使如此，它也不是康德意义上的“理性”。因为“理性”这时是实践立法的能力，而不是工具性的能力。按照通常的说法，这种工具性思维就是一种日常意义的“理性”，我们将仍然沿用“工具理性”的说法。虽然对于康德哲学来说，这是不严格的，但只要我们对我们的用法就此而言的限度有明确的意识，使用“工具理性”的说法应该是没有问题的。

这种意义的“工具理性”揭示了一种新的危害，那就是，无论我们对于目的的权衡多么理智，无论我们的目的多么的恢宏，即使我们形式上是以“至善”为目的，如果在此过程中，道德律的至上性被违背，或者说规定意志的不是道德律的话，那么据以为此的“理性”即使实现了“幸福”，也已经损害了“德性”，因此它是不配这“幸福”的，而其中就无所谓“至善”了。因为，“至善”本身就是道德实践的目的，这种实践本质上就是在“德性”的基础上追求“幸福”。违背了“德性”之为基础，幸福这种二级的“善”是不能构成“至善”的。另外，如果说“德性”竟只是对象或者说活动的目的的话，要是活动在形式上竟至于违背了理性的先天纯粹立法，我们仍然可以说这种作为对象或者目的的“德性”是有条件的。因为，如果为了实现作为第一目的的“德性”，作为先天立法形式的“德性”能够被违背，那么，这种所谓无条件的道德律令就成为否定自己的条件了；因此，它的成立不能绝对说是无条件的。所以，严格理解的“工具理性”甚至不能借“德性”获得真正的道德性。

另外，在以“德性”为先天条件的情况下，作为有限理性存在者的人类，是可以追求其欲求能力的对象即“幸福”的。只要规定意志的首先还是道德律，那么，借以为此的“理性”仍然是“实践理性”，而不是“工具理性”。即使实践的目的包括幸福，如果在动机上它是出于道德律的，那么，与那些单纯以道德律为目的而在形式上违背道德的活动相比，它是真正配得上“道德”的定性的。相反，后者反倒是受制于“工具理性”的。

相应的，克服“工具理性”的目的论是至善的目的论，这种目的论坚持道德的至上性，道德律是这种目的论的基础。所以，对“工具理性”的批判指示给我们的出路就是彰显目的论。这种目的论是从“道德实践”的严格意义上来说的，也是从真正遵循道德至上的“至善”的完满来说的。就人作为目的本身而言，我们可以说，德性只要是无条件的单纯立法形式，它也可以是一种目的，而且是最高的目的。所以，对康德来说，道德实践意义上的目的论正是克服“工具理性”的出路之所在。

五、结　论

我们从康德哲学中抽取出两种意义的“实践”概念，一种是通常意义的“实践”，一种是哲学意义的“实践”。前者是一种其目的的实现被设想为是某种普遍规划过程的结果的原则之后果的活动；后者是实践理性通过作为单纯先天立法形式的道德律而规定意志的“道德实践”。我们分别对两种意义的“实践”依照文本做出了详细的探究。

在此基础上，我们依照两种意义的“实践”概念，论证了康德哲学由道德性所体现的实践性，并从“实践”的这两个意义出发，界定了两种意义的“工具理性”。对这两种“工具理性”的批判为我们指示出彰显道德意义上的目的论的必要性。

参考文献：

[1]KANT,Immanuel. *Critique of pure reason*[M]. Norman Kemp Smith (tr.). Beijing China Social Sciences Publishing House,1999.

[2]KANT,Immanuel. *Critique of practical reason. Foundations of metaphysics of morals*[M]. Beck,Lewis White. (tr.). Beijing:China Social Sciences Publishing House,1999.

[3]KANT,Immanuel. *Critique of judgment Pluhar*[M]. Werner S. (tr.). Beijing:China Social Sciences Publishing House,1999.

[4]康德. 康德著作全集[M]. 李秋零,译. 北京:中国人民大学出版社,2007.

[5]康德. 纯粹理性批判[M]. 邓晓芒,译. 北京:人民出版社,2004.

[6]康德. 实践理性批判[M]. 邓晓芒,译. 北京:人民出版社,2003.

[7]康德. 逻辑学讲义[M]. 许景行,译. 北京:商务印书馆,1991.

[8]康德. 判断力批判[M]. 邓晓芒,译. 北京:人民出版社,2002.

[9]康德. 历史理性批判文集[M]. 何兆武,译. 北京:商务印书馆,1990.

[10]张汝伦. 德国哲学十论[M]. 上海:复旦大学出版社,2004.

[11]张汝伦. 作为第一哲学的实践哲学及其实践概念[J]. 复旦学报(社会科学 版),2005(05).

[12]盖耶,编. The Cambridge companion to Kant[M]. 北京：生活·

读书·新知三联书店出版社,2006.
[13]俞吾金.一个被遮蔽了的“康德问题”:康德对“两种实践”的区分及其当代意义[J].复旦大学学报(社会科学版),2003(1).
[14]欧阳康,张明仓.康德实践哲学及其意义探析[J].河北学刊,2008(3).

“礼理之辨”中的“是非”悖论

凌廷堪等人的一个基本考虑是，以礼作为是非的实在标准，可以避免宋学空言理导致的是非的主观性和相对性。凌廷堪否定理学的立论基础为“实事求是”，礼制的考辨才是是非实在而根本的标准。

清代学术通常以汉学著称。清末民初以来，学界多以为清代有学术而无思想，梁启超、钱穆等许多学者都如此认为。20 世纪 70 年代以来，一些学者对清代义理思想特别是所谓乾嘉新义理学的正视与发掘，改变了这一认识。其实，乾嘉时代许多学者已对汉学长于考据而宋学长于义理的看法提出批评，如“以礼代理”思想的提出。他们的批评虽有粗率之嫌，但也反映了其对清代义理思想意义的评价。清代义理思想问题的关键在于，这种义理思想在多大或何种意义上具有义理的启发性。

凌廷堪是清代“礼理之辨”的核心人物。他试图以礼取代宋学视为根基的理，这一立场被阮元、焦循等人认同。凌廷堪以考据的方式指出，《论语》《大学》《左传》等未曾谈到宋儒所谓“理”，宋儒以理论礼的倾向是一种借自佛教的“新义”，不是孔子等先儒的本意。阮元甚至援引朱子的权威，强调礼相对于理的核心意义，认为理出于礼，而不是相反。对凌廷堪来说，孔子言礼而不言理，他的选择体现出不同的“道”或原则。宋学以理解释儒家经典，借用了佛教的概念和佛教“乱真”的原则。

对凌廷堪等乾嘉义理学家来说，孔子等人言礼还是言理，不仅仅是语词的问题，他们还尝试具体揭示礼不同于理的原则或精神。凌廷堪以礼为是非的实在标准，试图确立礼相对于理的有效性，避免空虚的理带来的主观性与相对性；焦循则以礼为辞让的精神，试图将礼的辞让意义提升于理的是非之上，限制理的是非意见带来的纷争。但是，他们以礼批评宋儒所谓理的方式是否超出了其所批评的宋学理解理的思路，是否能够避免他们指出的宋学所谓理的问题，本身即是需要辨析的义理问题。

凌廷堪等人的一个基本考虑是，以礼作为是非的实在标准，可以避免宋学空言理导致的是非的主观性和相对性。凌廷堪否定理学的立论基础为“实事求是”，认为礼制的考辨才是是非实在而根本的标准。他承袭了程瑶田对理的批评，说明礼对于确定是非的意义。但在笔者看来，这种理解恐怕并未超出宋学的理路。

对宋学来说，是非常常被视为四端之一，仅属于智，但宋学并非仅从四端的意义理解是非，也以意义更为宽泛的是非理解理，但凡恻隐、羞恶、辞让、是非，就其作为当否的标准而言，都有是非之义。二程提出“天理”，即是试图为这种广义的是非提供一个实在的根基，因为他们同样反对以主观意见为是非的标准。即便是圣人，也不能按自己的意见决定是非。圣人之为圣人，恰在于遵循天理对是非的规定。宋明儒者大体承袭了这种以天理判定是非的立场。

宋学以理确定是非的一个基本考虑，与凌廷堪等试图以礼代理的思路一样，也是批评不实的虚理。比如，朱熹认为，儒家所谓理，体与用一以贯之，理乃是确定是非的标准，不是无视是非的理由。宋学理解理及为其辩护的方式显然为凌廷堪等承袭，并用在了对礼的理解和辩护上。

凌廷堪虽然拒斥“理”字，但不能否认先秦儒家经典仍然“恒言”的“道”。他只是对道做了不同的界定。他所谓的道，就其源头而言，与宋儒所谓的理相关联。凌廷堪不仅以礼统摄实践意义的人事，也以礼包含宋儒作为“内圣”功夫的“慎独”与“格物”等内容，从而使“礼”成为与理一样“推至四海而准”的概念。

宋学以理定是非的尝试固然不可忽视，但对凌廷堪来说，宋学可能更多的只是提出了理作为是非标准与根据的意义，天理如何真正为是非提供实在的标准，避免主观性与相对性，却是另外一回事。凌廷堪等人的理路虽未超出宋学，但他们对宋学的批评和反思还是不容忽视的。

许多现代学者认为，清代之所以重经学与实学，是因为理学与心学提出了对经典的重新阐释，聚讼纷纭，是非无法判定，清儒试图重回先秦经典，根据经典本身判定阐释的是非。按照凌廷堪的思路，这意味着宋学虽提出了以天理作为是非的实在标准，但具体如何确定是非，他们通常只能诉诸心与性，而心学与理学各种流派言心与言性的主观性与相对性难以避免。

凌廷堪等人认为，如果将礼理解为经验或形而下的实在，也只能让礼具备外在的实在形态，并不能使礼成为实在的是非标准。因为，既定的典章制度要加以改变，确实不可以像意见那样随意，但它只是一种现实行为层面的固定性，并非是非上的确定性。以作为典章制度的礼判定是非，虽然避免了个人意见的主观性，但可能导致典章制度与社会习俗的相对性。

宋学将道与义理解为理，乾嘉义理学将道与义理解为礼，本身体现了凌廷堪批评的道与义的意见的多样性。即便礼体现的道或义是确定不变的是非标准，但是，既然这种道与义在不同的情境中有不同的体现，那么可以作为相关是非根据的，到底是不可变的道还是可变的礼，这也将带来是非标准的疑难。显然，凌廷堪诉诸道与义解决礼的依据问题，损害了他所强调的礼的实在性和确定性，不但不能使得其所谓礼与宋学的理区分开来，反而带来了新的是非意见的主观性与相对性。

所以，按照凌廷堪等学者的理解，宋学舍礼言理，可能导致理的相对性与主观性。但是，清儒以礼等更实的概念取而代之，由之判定是非，在没有原则性差异的情况下，也不能避免其所批评的是非的主观性与相对性问题。

“礼理之辨”中“是非”与“辞让”的悖论

曾经备受忽视的乾嘉义理学，特别是其中“以礼代理”的思想越来越受关注。这种思想的核心不仅仅从文献上证明宋学“以理论礼”的无据，还从“是非”与“辞让”等义理的角度论证宋学所谓“理”的缺陷。本文尝试通过义理的辨析，说明凌廷堪与焦循等乾嘉义理学的关键学者对宋学的相关批判并未摆脱宋学理解“理”的理路，他们理解和推重“礼”的方式未能避免其所批评的宋学的“理”的问题。不过，他们的思想呈现的问题，对现代理解“礼”的方式提出了严峻而富于教益的挑战。

清代学术通常以汉学著称。清末民初以来，学界多认为清代有学术而无思想。梁启超、钱穆等许多学者都如此认定。二十世纪七十年代以来，余英时、张寿安、张丽珠等学者对清代义理思想特别是所谓乾嘉新义理学的正视与发掘，改变了这一认识。[①]其实，乾嘉时代许多学者自己早已对汉学长于考据而宋学长于义理的看法提出了批评，新的义理思想特别是“以礼代理”思想的提出，即是针对这种认识。[②] 但是，梁启超与牟宗三等学者恐怕并非没有注意到清代学者的这种义理尝试，他们的批评虽然有粗率之嫌，但也反映了其对清代义理思想水平与意义的评判。清代义理思想问题的关键不在于清代是否有思想，而在于这种义理思想在多大意义或何种意义上具有义理的启发性。

凌廷堪是清代“礼理之辨”的核心人物，时称“一代礼宗”。他试图以“礼”取代宋学视为根基的“理”，他说：“圣人之道，一礼而已矣”[③]。这一立场为阮元、焦循等诸多汉学家认同。凌廷堪以考据的方式指出，《论语》《大学》《左传》等未曾谈到宋儒所谓“理”，宋儒以“理”论“礼”的倾向是一种借自佛教的“新义”，不是孔子等先儒的本意。[④] 阮元甚至援引朱子的权威，强调“礼”相对于“理”的核心意义。他说：“朱子中年讲理，固已精实。晚年讲礼，尤耐繁难。诚有见乎理必出于礼也。”[⑤] 阮

---

① 黄爱平：“百年来清代汉学思想性问题研究述评”，《清史研究》，2007 年第 4 期，第 92~106 页。

② 张寿安：《以礼代理——凌廷堪与清中叶儒学思想之转变》，河北教育出版社 2001 年版，第 19 页。

③ 凌廷堪：《复礼上》，《校礼堂文集》卷 4，清嘉庆十八年刻本，第 1 页 a。

④ 张寿安：《以礼代理——凌廷堪与清中叶儒学思想之转变》，河北教育出版社 2001 年版，第 36 页。

⑤ 阮元：《书东莞陈氏〈学蔀通辨〉后》，《研经室续三集》卷 3，第 5 页 a。

元不反对言“理”，但却认为“理”出于“礼”，而不是相反。凌廷堪则厉斥言“理”，他说：

> 夫《论语》，圣人之遗书也。说圣人之遗书，必欲舍其所恒言之礼，而事事附会于其所未言之理，是果圣人之意邪？后儒之学本出于释氏，故谓其言之弥近理而大乱真。不知圣学礼也，不云理也，其道正相反，何近而乱真之有哉！[①]

对凌廷堪来说，孔子言“礼”而不言“理”，是他有意的选择，言“礼”体现了他特殊的意图，言“理”则非其本意；言“礼”还是言“理”，不仅是名义的问题，“其道正相反”，“礼”与“理”的取舍更体现出不同的“道”或原则。宋学以“理”解释儒家经典，不仅是借用了佛教的概念，也采纳了佛教“乱真”的原则。

凌廷堪等乾嘉义理学家也尝试具体揭示“礼”不同于“理”的原则或精神，对他们来说，孔子等先儒言“礼”还是言“理”，不仅仅是语词的问题。凌廷堪以“礼”为是非的实在标准，试图确立“礼”相对于“理”的有效性，避免空虚的“理”带来的主观性与相对性；焦循则以“礼”为辞让的精神，试图将“礼”的辞让意义提升于“理”的是非之上，限制“理”的是非意见带来的纷争。但是，他们以“礼”批评宋儒所谓“理”的方式是否超出了其所批评的宋学理解“理”的思路，其自身是否能够避免他们指出的宋学所谓“理”的问题，本身即是需要辨析的义理

① 凌廷堪：《复礼下》，《校礼堂文集》卷4，清嘉庆十八年刻本，第9页ab。

问题。

一、是　非

凌廷堪等以其所谓“实事求是”的原则理解其所谓“礼”，批评宋学所谓“理”。[①] 他们的一个基本的考虑便是，以“礼”作为是非的实在标准，可以避免宋学空言“理”导致的是非的主观性和相对性。

早在凌廷堪之前，程瑶田在其著作中已就是非的问题对宋学以及戴震仍然试图多方阐释的“理”提出了批评。他说：

> 人之言曰：天下止有一理，彼亦一是非，乌在其为一理也。
>
> 各是其是，是人各有其理也，安见人之理必是，而我之理必非也。于是乎必争。[②]

在他看来，宋儒试图以所谓“推至四海而准”的“理”为是非确定独一无二的标准与根基，但是，同样以“理”为据，此理与彼理各不相同，有的人以此为是，有的人以彼为是，不但不足以确定是非，反倒导致是非意见的主观性与理的相对性，引起不已的纷争。凌廷堪推进了这种思路，直接以“礼”取代“理”，不以宋学所谓“理”为“礼”的根据，也不以程瑶田所谓“则”为“礼”的标准。凌廷堪不但批评程朱理学，其礼学思想成型后，

---

① 张寿安：《以礼代理——凌廷堪与清中叶儒学思想之转变》，河北教育出版社2001年版，第37页。

② 转引自张寿安：《以礼代理——凌廷堪与清中叶儒学思想之转变》，河北教育出版社2001年版，第29页。

也否定戴震的理学，尤其反对讨论“理”字。他说：

> 吾郡戴氏著书专斥洛闽，而开卷仍先辨理字，又借体用二字论小学，犹若明若昧，陷于阱擭而不能出也。[①]

与戴震一样，凌廷堪不满足于无义理的汉学；与戴震不同的是，他主张舍弃宋学与戴震津津乐道的“理”。在他看来，宋学所谓义理是空虚的禅学。对他来说，礼制的考辨才是是非实在而根本的标准。凌廷堪否定理学，如张寿安所说，其立论基础为“实事求是”。[②] 他承袭了程瑶田对“理”的批评，说明“礼”对于确定是非的意义。他说：

> 夫实事在前，吾所谓是者，人不能强辞而非之。吾以为非者，人不能强辞而为是也。如六书、九数及典章、制度之学是也。虚理在前，吾所谓是者，人既可别持一说以为非；吾所谓非者，人亦可别持一说以为是也。如理义之学是也。[③]

他认为，“礼”是是非的实在标准。同样是确定是非，如果依据宋儒所谓“理”，则是非毫无根据，只有主观的意见，因为不同的人可以提出不同的义理作为是非的标准；但是，依据既定的典章、制度，我们便只能“实事求是”，不可以依据主观意见任意

---

① 凌廷堪：《好恶说下》，《校礼堂文集》卷 16，清嘉庆十八年刻本，第 6 页 a。

② 张寿安：《以礼代理——凌廷堪与清中叶儒学思想之转变》，河北教育出版社 2001 年版，第 37 页。

③ 凌廷堪：《戴东原先生事略状》，《校礼堂文集》卷 35，清嘉庆十八年刻本，第 8 页 a。

改变是非。对凌廷堪来说，“礼”足以避免“理”的主观性与相对性，成为是非的实在标准。

凌廷堪的主张即便是张丽珠所说的经验论，恐怕也与其所谓戴震的经验论不同。[①] 因为，对于戴震，我们固然可以说，经验性的事实是判定理的是非的依据，但对于凌廷堪，“礼”不是作为确定“理”的是非的标准，“礼”本身就是是非的标准。即便如此，这种理解恐怕并未超出宋学的理路。

虽然对于宋学来说，是非常常被视为四端之一，仅仅属于智，但宋学并非仅仅从四端的意义理解是非，他们也以意义更为宽泛的是非理解“理”。按照这种意义，是非不仅是智之端，但凡恻隐、羞恶、辞让、是非，就其作为当否的标准而言，都有是非之义。二程提出“天理”，即是试图为这种广义的是非提供一个实在的根基，因为他们同样反对以主观意见为是非的标准。有人问什么是“实理”，二程说：“灼然见其是非可否也”[②]，他们说：

> 夫民合而听之则圣，散而听之则愚。合而听之，则大同之中有箇秉彝在前，是是非非无不当理，故圣。散而听之则各任私意，是非颠倒，故愚。[③]

是是非非不能以人的主观意见为准，而必须以天理为准。即便是圣人，也不能按自己的意见决定是非。圣人之为圣人，恰在于遵

① 张丽珠：“清儒结合经典与经世的礼学发扬”，《齐鲁文化研究》（第八辑），泰山出版社 2009 年版，第 37 页。

② 杨时：《二程粹言》卷上，清文渊阁四库全书本，第 35 页 a。

③ 《二程遗书》卷 23，清文渊阁四库全书本，第 9 页 a。

循天理对是非的规定。人的愚与圣的区分，在于是是非非是符合天理还是任由私意。是是非非合乎天理，所以圣；是是非非秉乎私意，所以愚。宋明儒者大体承袭了这种以天理判定是非的立场。朱子便说过：

> 一言一语，一动一作，一坐一立，一饮一食，都有是非，是底便是天理，非底便是人欲。①

据此，天下万事，包括孔子所谓视听言动之礼，都有是非，是非的判定无所不在。程朱理学的基本分疏“天理人欲”即为是非分别的一种体现。而以天理判定是非，即意味着不能以主观意见任意判定是非。真德秀非常精炼地说：“是非之不可易者，天理也。轻重之不可踰者，国法也。”②“天理”即是确定不可改变的是非，而凌廷堪所谓典章制度，按照这种标准，则属于国法的范围。

宋学以“理”确定是非的一个基本考虑，与凌廷堪等试图以“礼”代“理”的思路一样，也是批评不实的虚理。张载认为，佛教以世界为空、以人生为妄，影响世道人心，造成了“上无礼以防其伪，下无学以稽其弊”的局面，他因此呼吁“大才之人”，“与之较是非，计得失”，判定是非，收拾人心。③这成为宋学理解自身使命的基本判断之一。朱子在《答陈卫道(巩)》中说，佛学并非毫无见地，只是其所见仅为外在的虚理，“不曾见得里许真实道理”。朱子认为，儒家所谓“理”，体与用一以贯之，“理”乃是确定是非的标准，不是无视是非的理由。佛教则将见处与行

---

① 《朱子语类》卷38，明成化九年陈炜刻本，第6页a。

② 真德秀：《政经》，清文渊阁四库全书本，第39页a。

③ 叶采：《近思录集解》卷13，元刻明修本，第8页b~第10页a。

处打成两节，所见道理看似高妙，其实无视是非，不足以辨是非。禅宗说“担水砍柴，无非妙道”，道虽高妙，实际罔顾是非。儒家所谓格物致知，贯通体用，所论天理即君臣父子日用伦常是非之道，可正人心，也可治理天下国家，并非虚理。[①] 凌廷堪等将“礼”作为是非的实在标准与根基，批评不足以判定是非的虚理，其理路与此并无本质的不同。无论宋学的这种自我理解及其对佛教的理解是否适当，他们理解“理”及为其辩护的方式显然为凌廷堪等承袭，并用在了对“礼”的理解和辩护上。

凌廷堪虽然拒斥“理”字，但他不能否认先秦儒家经典仍然“恒言”的“道”。他只是对道做了不同的界定。他说：“君臣也、父子也、夫妇也、昆弟也、朋友之交也”，“天下之达道也”。[②] 他将“道”具体化为君臣、父子、夫妇、昆弟、朋友等等，也就是具体为“礼”制。他说：

> 因父子之道而制为士冠之礼，因君臣之道而制为聘觐之礼，因夫妇之道而制为士昏之礼，因长幼之道而制为乡饮酒之礼，因朋友之道而制为士相见之礼。[③]

其所谓“礼”反而又以“道”为根基，或者，他试图强调的是，“道”由“礼”才能得以显现。但是，他所谓“道”，无论如何解释，就其源头而言，与宋儒所谓“理”脱不了干系。因为，且不说《礼记》中有以“理”言“礼”的先例，宋学大家言“理”，也以孔子“恒言”的“道”与“义”为依据，并同样试

① 《晦庵集》卷 59，四部丛刊景明嘉靖本，第 29 页 b～30 页 ab。

② 凌廷堪：《复礼中》，《校礼堂文集》卷 4，清嘉庆十八年刻本，第 4 页 a。

③ 凌廷堪：《复礼上》，《校礼堂文集》卷 4，清嘉庆十八年刻本，第 1 页 a。

图以此为“礼”奠基实在的根基。[①] 凌廷堪不仅以“礼”统摄实践意义的人事，也以“礼”包含宋儒作为“内圣”功夫的“慎独”与“格物”等内容，从而使得“礼”成为与理同样“推至四海而准”的概念，包括实在的形态与非实在的形态。不过，无论他是以“道”为“礼”的根据，还是以“礼”理解“道”，他至少在概念上难以如他期望的与宋儒所谓“理”彻底脱开干系。

宋学以“理”定是非的尝试固然不可忽视，凌廷堪等并非超出这种基本的理路。但是，对凌廷堪来说，宋学可能更多只是提出了“理”作为是非标准与根据的意义，“天理”如何真正为是非提供实在的标准，避免主观性与相对性，却是另外一回事。凌廷堪等“以礼代理”的理路虽然并未超出宋学，但他们对宋学的批评和反思，恐怕在一定意义上还是不容忽视的。许多现代学者认为，清代之所以重视经学与所谓实学，因为他们面对这样的情境，那就是，理学与心学提出了对经典的重视阐释，聚讼纷纭，是非无法判定，所以清儒试图重新回到先秦经典，根据经典本身判定阐释的是非。[②] 按照凌廷堪的思路，这一问题意味着，宋学虽然提出了以“天理”作为是非的实在标准，但具体如何确定是非，他们通常只能诉诸心与性，而心学与理学各种流派言心与言性的主观性与相对性难以避免。问题是，凌廷堪等“以礼代理”，是否真的能够避免他们所批评的那种相对性与主观性?

凌廷堪等认为，“礼”是先王已经制定的典章制度，体现为

① 牟坚：“朱子对‘克己复礼’的诠释与辨析——论朱子对‘以理易礼’说的批评”，《中国哲学史》，2009年第1期，第20~33页。

② 林庆彰：“明末清初经学研究的回归原典运动”，《孔子研究》，1989年第2期，第100~110页。

实在的政治制度与社会习俗，不能够随意根据主观意见改变。但是，如果将“礼”理解为经验或形而下的实在，也只能让“礼”具备外在的实在形态，并不能使“礼”成为实在的是非标准。因为，既定的典章制度要加以改变，确实不可以像意见那样随意，但是，它只是一种现实行为层面的固定性，并非是非上的确定性。孔子说：“殷因于夏礼，所损益，可知也；周因于殷礼，所损益，可知也”（《论语·八佾》）；《礼记·曲礼》说：“礼从俗。”传统儒家对“礼”的理解本身便不是以之为确定不变，因革损益总是必要的。历朝礼的制定一直如此。儒家理想的礼制存在于三代，后世实在的典章制度与习俗往往并不符合三代礼制的理想。遵循本朝礼制的实在，还是遵循三代礼制的理想，本身便会带来是非标准的疑难。历代实在的制度与习俗各不相同，儒家经典所定的理想礼制也各不相同。如何理解“三礼”与《论语》《孟子》等儒家经典所记理想礼制的差异，一直是礼学聚讼纷纭的重要问题。不同制度与经典规定的礼既然相互不同，那么由“礼”确定的是非将同样各不相同。以作为典章制度的“礼”判定是非，虽然首先避免了个人意见的主观性，但可能导致典章制度与社会习俗的相对性。

按照传统的礼制，圣人编定礼乐宪章、先王制定典章制度之后，“礼”固然不容随意改变，但“礼”既然是为人所制定，圣人与先王制定“礼”的标准又将带来新的问题。不同的“先王”制定的“礼”各不相同，他们往往因时制宜，针对不同的情况对“礼”做出不同的界定，这是三代与后世“礼”各不相同的重要原因。“先王”制定“礼”的时候，因为改变既定礼制的必要性和可能性，他们对于“礼”有许多前所未有的创制，他们创制的依据自然不是既定实在的“礼”，只能是相对空虚的“道”或“义”。《礼记·礼器》说：“夫礼虽先王之未有，可以义起也”，实在的“礼”可以作为行为的实在依据，但不能作为制礼的既定依据。面对这一问题，凌廷堪也别无选择，他虽然排斥理，但却不得不以道义理解礼。而以这种与实在的“礼”相对的不实在的道义解“礼”，同样将面对何以理解“礼”的问题。按照凌廷堪的理解，“道”与“义”如果只能由“礼”体现出来，那么，在实在的“礼”没有出现的时候，“道”与“义”将与“理”一样，存在于圣王的主观意见之中。宋学将“道”与“义”理解为“理”，乾嘉义理学将“道”与“义”理解为“礼”，本身也体现了凌廷堪批评的“道”与“义”的意见的多样性。即便我们确定，“礼”体现的“道”或“义”是确定不变的是非标准，但是，既然这种“道”与“义”在不同的情境中有不同的体现，可以作为相关是非根据的，到底是不可变的“道”还是可变的“礼”？这也将带来是非标准的疑难。显然，凌廷堪诉诸“道”与“义”，试图解决“礼”的依据问题，反而损害了他所强调的“礼”的实在性和确定性，不但不能使得其所谓“礼”与宋学的“理”区分开来，反而带来了新的是非意见的主观性与相对性。

所以，按照凌廷堪等学者的理解，宋学舍“礼”言“理”，可能导致“理”的相对性与主观性，但是，清儒以“礼”等更实的概念取而代之，由之判定是非，在没有原则性的差异的情况下，也不能避免其所批评的是非的主观性与相对性问题。

二、辞　让

凌廷堪等学者以“礼”代替“理”作为是非的标准，没有赋予“礼”不同的原则，但是，清儒并不仅仅在是非的意义上理解“礼”，他们试图以“辞让”阐发“礼”相对于“理”的独特性与优越性。

程瑶田已经指出，以“理”论是非，足以启人纷争，“礼”则能够避免争斗。不过，与程瑶田、凌廷堪等以“礼”作为是非的实在标准相比，焦循等学者尤其强调“礼”注重辞让的意义，与“理”辨别是非的意义相对。焦循说：

> 礼论辞让，理辨是非。知有礼者，虽仇隙之地，不难以揖让处之。若曰，虽伸于理，不可屈于礼也。知有理者，虽父兄之前，不难以口舌争之。若曰，虽失于礼，而有以伸于理也。①

焦循认为，“礼”的意义在于辞让，“理”的意义则在于是非。只要是知“礼”，即便是仇恨之类极端的争斗，也可以通过辞让解决；如果不能相互辞让，即便亲如父子，也可能出现争斗。无论是有理还是无理，只要相互辞让，便能够和睦无争地相处；如果以“理”计较是非，却可能启人争端。因为，人人各持其理，各持有其所谓是非，即便君臣父子，是非不同，坚持是非，也会有是非的争斗。所以，对焦循来说，是非不仅不足以确定“礼”的秩序，注重是非本身便可能威胁“礼”的秩序；“礼”的根本意

---

① 焦循：《论语通释·释礼》，清木樨轩丛书本，第25页a。

义不是作为是非的标准，而是辞让。与凌廷堪一样，焦循看到了是非标准的多样性可能导致的问题。但凌廷堪批评的是没有实在标准的是非，批评的是其主观性与相对性。焦循则认为，是非本身便可能导致实践的问题。焦循可能意识到，凌廷堪等以“礼”作为是非的标准，仍然不能为“礼”提供有效的辩护。按照焦循的这种理解，以是非理解的“礼”，并不能与“理”相互区分。

焦循将“礼理之辨”作为儒法之别的主要依据。他认为，法家重刑，所以亟亟于以“理”论是非；儒家重“礼”，以辞让为先，以是非为末。他说：

> 法家出于理官。齐之以刑则民无耻，齐之以礼则民且格，礼与刑相去远矣。惟先王恐刑罚之不中，务于罪辟之中求其轻重，析及豪芒无有差谬，故谓之理，其官即谓之理官，而所以治天下则以礼不以理也。[1]

焦循并不是完全反对“理”、反对是非。“理”的作用主要在于刑罚之中，其意义在于辨别刑罚的是非、轻重。“理”之于“礼”，正如“刑”之于“礼”，只有辅助性的作用，不是作为根本。法家的偏失不在于讲“理”，而在于重“理”而舍弃“礼”，以“理”为先。法家所谓法与刑，本不在儒家论治的范围之外，但是由于它在礼理问题上本末倒置，便出现了问题。孔子说：“听讼，吾犹人也，必也使无讼乎。”（《论语·颜渊》）法的是非争论终究是一种争斗，孔子更为赞赏的是不争的辞让。孔子说：“君子无所争，必也射乎！揖让而升，下而饮。其争也君子。”（《论

① 焦循：《论语通释·释礼》，清木樨轩丛书本，第24页b~第25页a。

语·八佾》)即便是必要的相争，如射箭比赛，也当以辞让处之。诉讼也当以辞让为本，是非的争辩应当以辞让为本。但是，理与是非的意义是否仅限于刑政与诉讼，孔子对刑政与诉讼的批评是否能够理解为其对“理”与是非的批评，值得商榷。至少宋学不会同意这种限定。不过，焦循试图借此批评的正是宋学。

张寿安说，焦循是首位提出圣人“以礼治天下，以理断狱”的学者①，他试图将理学家奉为宇宙万事本原的天理限定于刑狱范围之内的是非判定。他说：

> 明人吕坤有语录一书，论理云：“天地间，惟理与势最尊，理又尊之尊也。庙堂之上言理，则天子不得以势相夺。即相夺，而理则常伸于天下万世。”此真邪说也。②

如张寿安所言，焦循对吕坤这一观点的反对，不在于他支持尊君，吕坤反对尊君。③焦循是以相互辞让意义的“礼”理解君臣关系，他试图反对的是吕坤表达的天理至尊的观点，反对以“天理”为名义的君臣相争。虽然正统的理学家通常在表述君臣相争的问题上更为谨慎，但是，吕坤天理至尊的观点确实承袭了宋学的基本立场。朱子说：

> 宇宙之间，一理而已。天得之而为天，地得之而为

---

① 张寿安：《以礼代理——凌廷堪与清中叶儒学思想之转变》，河北教育出版社2001年版，第117页。

② 焦循：《论语通释·释礼》，清木樨轩丛书本，第25页b。

③ 张寿安：《以礼代理——凌廷堪与清中叶儒学思想之转变》，河北教育出版社2001年版，第114页。

地。而凡生于天地之间者，又各得之以为性。其张之为三纲，其纪之为五常。盖皆此理之流行，无所适而不在。①

不仅君臣关系，万事万物以至于天地的存在，都是以“理”为依据；天理不仅高出于天子至上，天地也不出乎“理”的规定。理学家即便反对君臣相争，首先也是基于“理”的是非。朱子引程颐的话说：“父子、君臣，天下之定理，无所逃于天地之间。”②被焦循视为礼之大端的君臣、父子等礼秩，对理学来说只是天理的一种表现而已。宋学不会同意将“理”限定于刑狱的观点，他们将其视为天下万事万物的根据。不过，对于君臣、父子各种人伦身份乃至心学与理学等各个宋学学派的是非之争，焦循不是从“理”的普遍性理解，而是从它们相互之间的实践关系理解。按照焦循对“礼”与“理”的理解，宋学动辄言“理”，以判定是非，忽视了是非可能导致纷争这一情况。天理在上，君臣、父子、兄弟不可能完全一致，只有经常依据天理相互争执；天理的普遍化，也将意味着争执在实践中的合理化。根据焦循的理解，宋学在礼理问题上，以“理”为本，以“礼”为末，也就意味着以是非为本，此辞让为末；以辞让为末，也就意味着以天理的争执为本，以天理的相互规训为本，以诉讼刑狱为本。传统儒者通常用残酷暴虐批评法家，戴震用以理杀人批评理学不近人情。而焦循的批评也意味着，宋学是以“法”绳人，以刑治人，不明辞让，不近人情。

---

① 《晦庵集》卷 70，四部丛刊景明嘉靖本，第 5 页 a。

② 朱熹：《论孟精义·孟子精义》卷 3，清文渊阁四库全书本，第 20 页 a。

对焦循来说，首要的原则问题在于是辞让还是争斗，“理”的是非只是等而次之的问题。相比而言，宋学没有将争与不争视为首要的问题。朱子论程颢与苏轼的异同时说：

> 当时诸公之争，看当时如此，不当论兼容与不兼容，只看是因什么不同，各家所争是争箇什么。
>
> 若说争只争箇是非，若是，虽斩首穴胸，亦有所不顾。若不是，虽日食万钱，日迁九官，亦只是不是。看来别无道理，只有箇是非。若不理会得是非，分明便不成人。若见得是非，方做得人。①

朱子并非没有意识到不同人及其倾向在实践层面可能不相容甚至争斗的问题。但他认为，需要关注的首先不是相容与不相容，不是相争与否，而是为什么不同，为什么相争。如果所争为是，即便抛头颅洒热血，也当在所不惜；如果所争为非，即便能够发财致富、飞黄腾达，也终究不对。在他看来，争不争是非，意义不在争与无争，而在理会是非关乎成人；明白是非，才能成人。相比而言，焦循首先关注的问题不是此是彼非；无论所争的是是非还是不是是非，所争的是真的是还是假的是，对于焦循来说，这些都是其次，首要的问题是，它们陷入了以是非为名义的争斗；争斗是比是非更大的问题。据此，宋学与焦循等的区别并不在于他们是否注意到了辞让与是非在实践关系中的表现，而在于他们以什么为首要原则理解这种表现。朱子首要的原则显然是是非的辨析，焦循的原则是辞让与争斗的辨别。

---

① 《朱子语类》卷38，明成化九年陈炜刻本，第17页b。

焦循以辞让与争斗为首要的区分，由此理解辞让之“礼”与是非之“理”的关系。但是，如何能够一以贯之地遵循辞让的精神，不是容易的事情。名义上，辞让之礼被尊崇为最高的精神，但在辞让与是非的辨析这一根本的问题上，焦循使用的原则显然不再是辞让，而是是否符合辞让的原则。辞让的原则俨然成为是非的根本标准。焦循也许意识到了如此理解辞让隐含的困难，所以他并未有太多直接以此为是非标准批评宋学的言辞，这可能是他思想审慎的体现，或者其将辞让精神一以贯之的尝试，而不是如现代学者理解的批判性的不足。[①] 不过，如果以辞让为“礼”的根本精神，却又将是非与“理”限定在特殊的领域，原则上便难以避免其中隐含的问题。因为，按照焦循的思路，符合辞让的精神便是礼的本意，不符合辞让的精神便非礼的本意；以辞让的精神为本便是儒学正统，不以辞让的精神为本便为异端之说。辞让与否的辨析成为一种当否的辨析，成为一种是非的辨析。与争斗相对而理解的辞让仍然被当成了根本的是非原则。按照焦循对是非的理解，是非是一种争斗，以是非理解辞让同样意味着以一种争斗的方式理解辞让。辞让本身成为不能辞让的原因，必须坚持辞让成为辞让的要求，这无疑是一种悖论。虽然焦循似乎避免直接以辞让为标准对宋学的理的评判，但继承他这一思路的学者如俞樾，便曾直接以辞让意义的“礼”为标准，严苛地批判宋学的天理，[②] 使得礼理之辨又成为一种礼理之“争”。

焦循等并未以适当的方式呈现“礼”辞让的精神。即便辞让

---

① 张寿安：《以礼代理——凌廷堪与清中叶儒学思想之转变》，河北教育出版社2001年版，第117页。

② 王世光：“清代中期‘以礼代理’说刍议”，《孔子研究》，2004年第4期，第96页。

是“礼”的精神，并且是首要的精神，将其作为限定“理”之是非的标准，本身就使得自己成为一种是非的标准，如果同时将是非作为争斗的一种理由的话，辞让因此也将成为争斗的一种新的理由。

三、结　语

在礼理之辨中，凌廷堪与焦循等乾嘉义理学家在文献与精神上力图回到先秦，但在原则上却未曾超出宋学，虽然他们提出了新的义理思想，力图与宋学的义理区分开来。就文献而言，汉学可以为清代义理学家提供更多的证据与材料，并不能够为他们理解这些材料提供正当性的原则；就原则而言，是否有义理思想与这种义理思想是否正当不是一回事情。凌廷堪等乾嘉义理学家批评宋学时指出的问题，指明了宋学以“理”解“礼”的困难，但他们自身陷入的困境，则涉及如何理解传统所谓“礼”的困境，这本身对我们思考传统所谓“礼”提供了深化的契机。因为，这些问题也许意味着，时下名义上对“礼”的种种支持或反对，无论有多少的文献依据或多么美好的新意，如果缺乏对传统所谓“礼”在原则与精神层面的适当辨析，支持或反对可能恰恰与其初衷背道而驰。

参考文献：

[1]刘宝楠. 论语正义[M]. 北京：中华书局，1990.

[2]孙希旦. 礼记集解[M]. 北京：中华书局，1989.

[3]程颢,程颐.二程遗书[M].清文渊阁四库全书本.
[4]杨时.二程粹言[M].清文渊阁四库全书本.
[5]叶采.近思录集解[M].元刻明修本.
[6]朱熹.论孟精义[M].清文渊阁四库全书本.
[7]朱熹.晦菴集[M].四部丛刊景明嘉靖本.
[8]黎靖德.朱子语类[M].明成化九年陈炜刻本.
[9]真德秀.政经[M].清文渊阁四库全书本.
[10]程瑶田.通艺录[M].安徽丛书本.
[11]凌廷堪.校礼堂文集[M].清嘉庆十八年刻本.
[12]阮元.研经室续三集[M].四部丛刊景清道光本.
[13]焦循.论语通释[M].清木犀轩丛书本.
[14]焦循.雕菰集[M].清道光岭南节署刻本.
[15]林庆彰.明末清初经学研究的回归原典运动[J].孔子研究,1989(2):100-110.
[16]张寿安.以礼代理:凌廷堪与清中叶儒学思想之转变[M].河北教育出版社,2001.
[17]王世光.清代中期"以礼代理"说刍议[J].孔子研究,2004(4):92-100.
[18]黄爱平.百年来清代汉学思想性问题研究述评[J].清史研究,2007(4):92-106.
[19]张丽珠.清儒结合经典与经世的礼学发扬[M]//齐鲁文化研究.第八辑.济南:泰山出版社,2009:33-55.
[20]牟坚.朱子对"克己复礼"的诠释与辨析:论朱子对"以理易礼"说的批评[J].中国哲学史,2009,(1):20-33.

“十三经”的形成及其经典意义质疑

历代都有学者明确指出，“五经”之外引“传”“记”入“经”并不适当。但是，现代许多前辈学者倾向于忽视这些异议反映的传统经学立场，将“十三经”的形成视为历代经学因革的总体脉络，进而以“十三经”为儒家经典的最终结集。本文尝试指出，“六艺”、“五经”与“四书”或“兼经”始终是传统经学与儒学的基本类目，“十三经”从未在传统经学中成为取代“五经”“四书”的儒家经典，“十三经”是一种图书编辑类目，并非经学意义上的主要类目。直至清末废除科举实行新政，将“十三经”作为传统教育的名目，经学传统中断之后，“十三经”这种图书编辑类目才开始呈现更大影响。

顾炎武《日知录》说：

> 自汉以来，儒者相传，但言“五经”。而唐时立之学官则曰“九经”者，三礼、三传，分而习之，故为九也。其刻石国子学，则云“九经”，并《孝经》《论语》《尔雅》。宋时程朱诸大儒出，始取《礼记》中之《大学》《中庸》，及进《孟子》以配《论语》，谓之“四书”。本朝因之，而“十三经”之名始立。①

对于“十三经”形成的具体细节，学界一直存在争议。尽管如此，后世学者大体皆如顾炎武，以“十三经”为由汉代所谓“五经”渐次扩充而成。历代都有学者基于经学基本的类目指出，“五经”之外引“传”“记”入“经”并不适当，但是现代许多学者倾向于忽视这些经学传统的异议及其反映的经学体系的分类方式，遂将顾炎武所述“十三经”经典书目形成的次序，理解为历代经学类目因革的总体脉络，并进而以“十三经”为所谓儒家经典的最终结集。

本文尝试指出，作为“十三经”直接起源的是唐代“五经”，它与汉代所谓“五经”有不容忽视的差异。汉代“五经”经传为包括“十三经”这种书目在内的各种类型的所谓经数因革确立了经学的基本类目，以之为核心的经数的扩充是传统经学体系的常态，以之为核心的经数的精简何尝不是。“十三经”代表的只是经数因革众多路径中的一条而已，并且主要只是一种经典书目，就经学体系本身的类目而言，“五经”经传以及由其精简而来的

---

① 顾炎武：《日知录》卷18，清乾隆刻本，第2页b。

"四书"才是传统经学本身的基本类目。"十三经"从未在传统经学与儒学中成为取代"五经""四书"的儒家经典。直至清末废除科举实行新政，将"十三经"作为传统教育的书目，在传统作为学科体系的经学被压缩为现代科学体系中的文本研究学的背景下，"十三经"才开被正式追认了所谓最终结集的地位。

一、"十三经"与唐代"五经"

根据舒大刚等许多学者的考证，[①] 至少就目前可确认的文献而言，传统所谓"十三经"最早汇集于五代后蜀开始镌刻的"蜀石经"，后称"石室十三经"。无论是否如此，由唐初所定"五经"到后世"十三经"的扩展，这一线索脉络分明。

至迟自"蜀石经"开始，"十三经"便确定为这十三部儒家经传：《周易》《尚书》《毛诗》《仪礼》《礼记》《周礼》《春秋左传》《春秋公羊传》《春秋穀梁传》《论语》《孝经》《孟子》《尔雅》。宋至明清公私刻印的主要版本的所谓"十三经"都是"蜀石经"汇刻的这十三部经传。范成大《石经始末记》引晁公武《石经考异序》云：

> 按赵清献公（抃）《成都记》："伪蜀相毋昭裔捐俸金，取九经琢石于学宫。"而或又曰："毋昭裔依太和旧本，令张德诏书；国朝皇祐中田元均补刻公羊高、穀梁赤二传，然后'十二经'始全；至宣和间，席升献又刻

① 参见舒大刚："'蜀石经'与《十三经》的结集"，《周易研究》，2007年第6期，第108~116页。

‘孟轲书’参焉”。①

虽然晁公武所称为“十二经”与“孟轲书”，未用“十三经”之名，但据他所言，“十三经”汇刻自此便已开始。南宋曾宏父《石刻铺叙》对“蜀石经”的刻成有更加详细的记述：

> 益郡石经，肇于孟蜀广政。悉选十大夫善书者模丹入石，七年甲辰（944），《孝经》《论语》《尔雅》先成，时晋出帝改元开运。至十四年辛亥（951），《周易》继之，实周太祖广顺元年。《诗》、《书》、三礼不书岁月。逮春秋三传，则皇祐元年（1049）九月讫工，时我宋有天下已九十九年矣。通蜀广政元年肇始之日，凡一百一十二祀，成之若是其艰。又七十五年，宣和五年癸卯年（1123），益帅席贡始凑镌《孟子》，运判彭慥继其成。②

这十三部儒家经传的汇刻，经五代宋初，历时百余年，所选经传历历可考。这十三部蜀刻经传，南宋赵希弁《读书附志》也有详尽著录，并称之为“石室十三经”。③

现代有关“十三经”形成的各种分歧，更多来自不同学者对“十三经”经典性质及其形成标志的不同定义。蒋伯潜以“蜀石经”将《孟子》收入经部为“十三经”的起始，以朱子定“四

① 范成大：《石经始末记》，周复俊《全蜀艺文志》卷36，清文渊阁四库全书本，第7页a。

② 曾宏父：《石刻铺叙》卷上，清知不足斋丛书本，第8页ab。

③ 晁公武：《郡斋读书志》卷第5上，四部丛刊三编景宋淳祐本，第3页a。

书”为“十三经”的完成，以乾隆年间“十三经”太学刻石与阮元编订《十三经注疏》为“十三经”定本的确立;[①] 舒大刚以“十三经”的通行为其成为经典的表现,[②] 程苏东以官方权威的认定为“十三经”正式确定的标志。[③] 无论是《孟子》升经，“十三经”合刻，还是经数通行或者官方认定，因标准不同，学者每每对“十三经”的成型有不同的意见。因此，学界形成了“十三经”形成于宋代、明代、清代等各种说法。但是，无论标准如何，曾被引为“十三经”形成标志的各种文献，所谓南宋合刻《十三经注疏》、明代南北监本《十三经注疏》、乾隆太学石刻“十三经”、阮元《十三经注疏》，都晚于“蜀石经”，汇集的也都不异乎“蜀石经”率先集中的这十三部儒家经传。至少就目前揭示的文献材料而言，这十三部儒家经传的集中成型，未有早于“蜀石经”。

无论是“取九经琢石于学官”，还是“依太和旧本”，“蜀石经”其实都是以唐代“五经”与“九经”为本。唐初颜师古考订《五经定本》与孔颖达撰定《五经正义》前后相承，其所定“五经”为《周易》、《尚书》、《毛诗》、《礼记》及《春秋左传》;[④] 唐人撰定《五经正义》之外，也撰有《周礼注疏》（贾公彦疏）、《仪礼注疏》（贾公彦疏）、《穀梁注疏》（杨士勋疏）及《公羊注疏》（徐彦疏），后世合称“九经正义”，后皆收入各版《十三经

---

① 蒋伯潜:《十三经概论》，上海古籍出版社 1983 年版，第 8 页。

② 舒大刚:“《十三经》:儒家经典体系形成的历史考察”，《社会科学研究》，2011 年第 4 期，第 115~116 页。

③ 程苏东:“再论‘十三经’的形成与《十三经注疏》的结集”，《国学研究》，2010 年第 25 卷，第 257~299 页。

④ 《旧唐书》卷 189 上《列传》第 139 上，清乾隆武英殿刻本，第 3 页 b。

注疏》。根据《新唐书·选举志》，唐代国子监所习经典，“大经”为《礼记》《春秋左传》，“中经”《诗》《周礼》《仪礼》，“小经”《易》《尚书》《春秋公羊传》《春秋穀梁传》，共为九经。[①]“开成石经”即是以此“五经”与“九经”为基础。《唐会要》记有：

> （太和）七年八月，国子监起请：“……今《左氏春秋》《礼记》《周易》《尚书》《毛诗》为‘五经’。若《论语》《尔雅》《孝经》等，编简既少，不可特立学官，便请依旧附入中经。敕旨，依奏。其年十二月，敕于国子监讲论堂两廊，创立‘石壁九经’，并《孝经》《论语》《尔雅》，共一百五十九卷，《字样》四十卷。”[②]

“石壁九经”也称“开成石经”，即是“太和旧本”，以颜师古、孔颖达所定“五经”为本，集中唐代国子监所习“九经”，唐文宗大和年间始刻，开成年间刻成。“石壁九经”虽称“九经”，加上《论语》《孝经》《尔雅》，其实有“十二经”，只是唐代多以这三部经典为“传”或“兼经”。其后百年，五代后蜀始刻的“蜀石经”正是直接承袭唐末“开成石经”所选十二部儒家经传，外加宋代儒者与官方合力推升的《孟子》构成。

因此，从“石室十三经”开始，“十三经”便直接延续了唐初《五经定本》、《五经正义》与唐末《开成石经》对经传的选择。即便有新的材料说明，“蜀石经”之前已有“十三经”的汇

① 《新唐书》卷44《志》第34，清乾隆武英殿刻本，第1页a。
② 《唐会要》卷66，清武英殿聚珍版丛书本，第33页b。

集，但是，“蜀石经”及之后各经典“十三经”版本在经传选择方面直承唐代“五经”与“九经”，不可否证。①

二、汉代“五经”与唐代“五经”

然而，唐代尊奉的经典文本及其对待经传家法的方式与汉代很不相同，其所谓“五经”及相应扩展，与汉代“五经”及其扩展有较大的差别。

先秦至汉初，儒学经典本多称“六艺”或“六经”。由于暴秦之乱，汉初经学变古，“六经”缺“乐”，只存有“五经”。此后的经学类目虽然保留了“六经”，经传注疏仅限于“五经”。自此之后，“六艺”、“六经”与“五经”的名目往往混用。所以，汉武帝时虽然号称独尊“六艺”，但仅设《诗》《书》《礼》《易》《春秋》“五经博士”。尽管如此，家法不同的众多经传大多被立入学官。《汉书·儒林传》记载：

> 自武帝立《五经》博士，……初，《书》唯有欧阳、《礼》后、《易》杨、《春秋》公羊而已。至孝宣世，复立大小夏侯《尚书》、大小戴《礼》、施、孟、梁丘《易》、《穀梁春秋》。至元帝世，复立京氏《易》，平帝时，又立《左氏春秋》《毛诗》、逸《礼》《古文尚书》，

① 范成大《石经始末记》引晁公武《石经考异序》，述及其以所谓“长兴板本”与“蜀石经”对校之事，似乎北宋复刻五代“长兴板本”已有包括《孟子》的“十三经”汇刻，或即后世所谓“汴本十三经”，但相关材料不足以确证北宋复刻“长兴板本”确为十三经独立汇刻。即便确证，不但不足以否定，反而进一步确证了“十三经”对唐代“五经”与“九经”的直承，因为“长兴板本”同样是承袭唐代“九经”，它本身与“石室十三经”一同，是后世遵循唐代传统编订“十三经”的基本依据。

所以罔罗遗失，兼而存之，是在其中矣。①

根据《汉书·儒林传》，施、孟、梁丘《易》皆有博士，欧阳、大小夏侯《尚书》皆有博士，齐、鲁、韩《诗》皆有博士，大小戴《礼》皆有博士，公羊、穀梁、左氏《春秋》皆有博士。这些家法并列于朝，并未影响“五经”之为“五经”，并没有四经、十二经、十四经或者十七经的名目。终汉之世，各种今古文家法纷争不已，但这种囊括所有家法经传的“五经”始终是首要的经学类目。

唐初《五经定本》与《五经正义》所列“五经”，经数的标准就变了，不再是经学的类目，而是经典的书目。其中，《尚书》为所谓伪孔《古文尚书》、《诗》为《毛诗》、《春秋》为左氏、《礼记》为小戴，为汉代博士家法中寥寥数家。如果按照汉代“五经”的经学类目，在此基础上增加任何经典，都不出“五经”经传的经学类目之外，增减经典都不必增加“五经”类目。但是，唐代“五经”的确仅仅指这几家经典书目而已，在此基础上增加到的“九经”“十一经”“十三经”，更加一以贯之地证明了其所发源的所谓“五经”不是经学的类目，而是经典书目。但是，诚如钱基博所言：

审如是，则韩亦一经，齐亦一经，鲁亦一经，毛亦一经，可乎？欧阳一经，两夏侯各一经，可乎？《易》有三家，《礼》分庆、戴，《春秋》之有邹、夹，汉世古

① 《汉书》卷88《儒林传》，清武英殿刻本，第27页ab。

今文，为经当十有八，何止十有三？[①]

按照唐代官方对于“五经”的选择，原则上可以称为经的文本为数远不止“十三”。钱基博的标准是否合适且不置论。[②] 他的观点提示出的问题是，汉代“五经”包括了众多经传家法，不同家法所传的不同经传文本都囊括在汉代这种“五经”的经学类目之中，而唐代所选“五经”，仅为五部经传文本而已，属于汉代众多经传中的少数几种。

严格来说，相对于先秦“六经”或者“六艺”以人的培育为主旨的经学教育类目，汉代所谓“五经”相对而言更多以经典文本为核心的色彩。最初的“五经博士”只有五家经传，以先秦所谓“诗”“书”“礼”“易”“春秋”为目，因为“乐”亡于秦，所以不得已缺略。但是，汉代传承和理解“五经”的方式毕竟与唐代大不相同。前者是以“六经”或者“五经”为五种经学类目，包罗不同的经传家法，无论是以文献的形式传统，如古文经传，还是由受经学训练的人以师法的形式口耳相传，如今文经学，总体是以“五经”构成各种不同的经传系统的共同类目。唐代所谓“五经”，则以统一权威文本的方式选择其所认为的经典的文本，之后不是继续以“五经”这一经学类目包括增加了的家法系统，而是以经数增加的名义选取经传。《五经正义》不仅是

---

① 钱基博：《经学通志》，中华书局1936年版，第7页。

② 章学诚《文史通义》、龚自珍《六经正名》与章太炎《国学概论》等都明确反对“十三经”之说，程苏东认为，他们所持标准“失之于严”。但是，他们的意见反映的正是传统经学本身的倾向，并且他们预设的是有学者将“十三经”称经，而不是有人以“十三经”为首要经典或最终结集。参见程苏东：“‘经目’释论——以经学史为论域”，《北京大学学报》（哲学社会科学版），2012年11月，第41~48页。

泛化了“经”的意义，为向“九经”以至“十三经”的扩展留下了余地，更是将作为经学学科类目的“六艺”“五经”变成了以文本为中心的经典书目。

不过，后世由此扩展的“十三经”所录十三部经传的主体，并未出乎汉代“五经”众多经传家法之外。通常所谓经数扩展，只是计数的扩展而已，没有经传文本本身的扩展。就经传文本来说，汉代“五经”包括的众多经传文本并没有为唐代“五经”与后世所谓“十三经”传承下来。由于汉代许多经传家法失传了，与汉代众多经传家法相比，“十三经”不但不是汉代所谓“五经”包括各种经传文本的扩展，反而是较大的精简。作为经学类目的汉代“五经”与作为具体经数的唐代“五经”，性质大不相同。“十三经”是唐代所谓“五经”的扩展，但不是汉代所谓“五经”的扩展。现代许多经学史著作多未在二者之间做出区分，却径直将“十三经”的发展视为汉代“五经”的扩展。

三、“四书”与“十三经”

唐宋之后，汉代“五经”与唐代“五经”同时通行，二者都是以先秦所谓“诗”“书”“礼”“乐”“易”“春秋”的“六艺”“六经”类目为基础，以缺“乐”之后的“五经”经传为依据。“六艺”“六经”“五经”的名目在传统经学史中的地位彻始彻终。两汉、隋唐以至宋元、明清，“六艺”“六经”“五经”始终是根本的经典类目，以此为基础的经数与经典的精简与扩展也一直存在，且多种多样。但是，无论是经学注疏还是史籍目录，无论是官方教育还是私家授受，先秦所谓“六艺”“六经”，与汉代所谓“五经”都是根本的经典，“九经”“十二经”之类名目也都没有超出汉代意义的“五经”经传之外。

“四书”也是如此。“四书”中的《大学》《中庸》，文本出自《小戴礼记》，而《论语》与“四书”之外的《孝经》，在汉代属于“五经”的大传之列。所谓“十三经”，包括了收入“四书”的《论语》，却不包括在汉代地位非常重要的《孝经》。“十三经”的形成不可以不加分辨地认定为如顾炎武所说，源自“五经”与“四书”传统的直接结合，但“十三经”之所以受重视，的确源自唐代“五经”和宋代“四书”经典地位的共同促成。

汉代以来，经数各种名实的增减始终是以“五经”经传为基本类目。《后汉书·儒林列传》曰：

> 于是立五经博士，各以家法教授，易有施、孟、梁丘、京氏，尚书欧阳、大小夏侯，诗齐、鲁、韩，礼大小戴，春秋严、颜，凡十四博士，太常差次总领焉。①

博士有十四家，都是“五经”经传的不同家法，但汉代并未以这“十四”家所传经传为经数的扩展，直接称之为“十四经”。《论语》等通论性的经传的增减是以“传”为“经”的增减。王国维在《汉魏博士考》中说：

> 汉人就学，首学书法，其业成者，得试为吏，此一级也；其进则授《尔雅》《孝经》《论语》，有以一师专

① 《后汉书》卷79上《儒林列传》第69上，百衲本景宋绍熙刻本，第1页a~第2页b。

授者，亦有由经师兼授者。[①]

《论语》《孝经》《尔雅》是当时学子“小学”的基础教本，在此基础上进学“五经”经传。《汉书·艺文志》将三者作为“六艺”的通论性“传记”附在《六艺略》之后。《孟子》在汉初曾与《论语》《孝经》《尔雅》同被视为“传记”。赵岐《孟子题辞》说：

孝文皇帝欲广游学之路，《论语》《孝经》《孟子》《尔雅》皆置博士。后罢传记博士，独立五经而已。[②]

《论语》《孝经》《孟子》《尔雅》在汉代都曾作为“五经”的“传记”设立博士，一度都属于“五经”经传之列。前述汉代“十四”博士家法是按照“五经”经传分列的传记，《论语》《孝经》《孟子》《尔雅》则是通论性的传记。所有这些文本，无论是专论性的经传还是通论性的经传，都可统摄于“五经”“六艺”，后世经籍书目大体延续《汉书·艺文志》，以此为根本的通例。

唐代“五经”的出现，“九经”到“十二经”的扩展，在有限的意义上确实是继承了汉代经数的扩展。例如，汉代已经出现了多种类型的“七经”。《后汉书·张纯传》记有《七经谶》，李贤注曰：

《七经》，谓《诗》《书》《礼》《乐》《易》《春秋》及《论语》也。[③]

---

① 王国维：《观堂集林（外二种）》，河北教育出版社2001年版，第86页。
② 赵岐：《孟子题辞》，焦循《孟子注疏》卷1，清焦氏丛书本，第14页a。
③ 《后汉书》卷35《张曹郑列传》第25，百衲本景宋绍熙刻本，第5页a。

舒大刚认为，汉代《乐》经已不存，李贤注有误。[①] 不过，《汉书·艺文志》“六艺略”也有乐部，虽然明言没有乐经，其中还是记录了各种“乐记”；既然“乐”无“经”而有“记”，无“经”而有“谶”也当可能。严格说来，这种经数扩展与唐代“五经”经数扩展不同，它是在“六经”类目上增加《论语》的类目。另外，《后汉书·赵典传》注引谢承书，有成都人赵典“学孔子七经”之说。其所谓“孔子七经”，也许与李贤所谓“七经”一样，但也可能不包括《周礼》等未曾归诸孔子的经典，而是《汉书·艺文志》归于孔子的《诗》《书》《礼》《易》《春秋》，以及记录孔子言行的《论语》《孝经》等。这或许是另外一种经数扩展。唐宋在“五经”之外增设“九经”，“九经”之外纳入《论语》《孝经》《尔雅》作为“兼经”，也许是汉代这种做法的延续。即便是《孟子》升格，如前所述，汉代已有先例，不是唐宋的独创。“十三经”所有经传文本都不在汉代“六艺”“五经”经传范围之外，这种扩展只是汉代众多经数扩展可能性中的一种而已。

宋代《孟子》的升格与“四书”的出现本来并不是经数扩展，而是经传精简的产物。对《孟子》升经具有突出影响的王安石与二程、朱子，都是从经典精简的角度推升《孟子》。神宗熙宁八年（1075 年），朝廷“颁王安石《书》《诗》《周礼义》于学官，是名《三经新义》”，同时，“罢诗赋、帖经、墨义，士各占治《易》《诗》《书》《周礼》《礼

① 舒大刚：“《十三经》：儒家经典体系形成的历史考察”，《社会科学研究》，2011年第4期。

记》一经，兼《论语》《孟子》”。[①] 王安石以《三经新义》为其改革学制的典要，取代“五经”名目，去除《春秋》，体现出有选择地精简经典的意图。这种思路反映在“兼经”之中，便是去《孝经》与《尔雅》而保留《孟子》。王安石对“五经”及其“兼经”的增删备受批评，但以《孟子》为“兼经”的做法却渐渐为后世接续。至此，《论语》《孟子》与唐代《论语》《孝经》《尔雅》一样，仍属“兼经”之列。《孟子》真正成为首要的经典，归功于二程与朱子等的努力。二程更为明确地以精简的思路理解《孟子》的经典性质。二程说：

> 学者先须读《论》《孟》。穷得《论》《孟》，自有个要约处，以此观他经，甚省力。[②]

《论语》《孟子》是经中的“要约”，可见，提升《孟子》，便具有精简经典、减少经数的意义。对程朱理学来说，《孟子》与《论语》、《大学》、《中庸》一起成为“五经”的阶梯。朱熹撰定《四书章句集注》，秉承且发扬了这一主张，真正在儒学范围内将《孟子》确立为“经”，也使得首要的经典由繁复的“五经”精简为简约的“四书”。

但是，在“四书”的传统中，“五经”的根本地位并未完全改变。朱子便是按照汉代的方式理解和推崇“五经”。《宋史·选举志》记载：

---

① 《宋史》卷155《选举志》第108，清武英殿刻本，第17页a。

② 《二程遗书》卷18，清文渊阁四库全书本，第40页a。

> 时（淳熙十四年）朱熹尝欲罢诗赋，而分诸经、子、史、时务之年。其《私议》曰："古者大学之教，以格物致知为先，而其考校之法，又以九年知类通达、强立不反为大成。今《乐经》亡而《礼经》阙，二戴之《礼》已非正经，而又废其一。经之为教已不能备，而治经者类皆舍其所难而就其易，仅窥其一而不及其余。……凡《易》《诗》《书》为一科，而子年、午年试之；《周礼》、《仪礼》及二《戴记》为一科，而卯年试之；《春秋》及《三传》为一科，而酉年试之。义各二道，诸经皆兼《大学》《论语》《中庸》《孟子》义一道。"①

朱熹似乎沿袭是以"四书"文本为"兼经"的传统，但"四书"的地位已经不能与汉代所谓"小学"与唐代及北宋所谓"兼经"同日而语。值得注意的是，朱熹的主张其实是恢复汉代所谓"五经"名实，将"三礼"及未收入"十三经"的《大戴礼记》都纳入"礼"的类目，将三传纳入"春秋"类目，即是以《诗》《书》《易》《礼》《春秋》为"五经"，并且是放在缺"乐"的"六艺""六经"类目之中。"四书"与汉代所谓"五经"、先秦所谓"六艺""六经"并重，朱子及其后学以其权威地位延续了这一传统。

元、明及清以朱熹《四书章句集注》为科举依据，"四书"成为官方经典。明代颁布《四书五经大全》，令士子通习，可以

① 《宋史》卷156《选举志》第109，清武英殿刻本，第10页ab。

说是进一步巩固了“四书”与“五经”的官方权威，清代大体承袭了这一制度。尽管明清官私都刊印过《十三经注疏》，但“四书”“五经”始终是科举的首要教本、学问的基本类目。根据《明史》与《清史稿》“选举志”，明清时代的科举考试主要是以“四书”“五经”为根本，“十三经”出现的时候也只是作为附加。“十三经”之说进入正史与官私书目，被许多现代学者认为是其成为经典类目的重要标志。《明史·艺文志》首次纳《孟子》入经部，被视为“十三经”正式升经的重要标志。[①] 但是，其实“十三经”所录经传，通常都是分列在“五经”“六经”及其通论性经传或“四书”的名目之下。《明史·艺文志》如此，《四库全书总目》如此，直至清末张之洞编撰《书目答问》[②]，亦是如此。

传统科举考试中，“十三经”从未高出或超出“五经”与“四书”，反倒是在清末废除科举之后，“十三经”才正式取代“四书”“五经”，成为官方推举的经典名目。晚清废科举，朝廷担心“学堂不读经，则是尧、舜、禹、汤、文、武、周公、孔子之道，所谓三纲五常，尽行废绝，中国必不能立国”，所以“概

---

① 舒大刚：“《十三经》：儒家经典体系形成的历史考察”，《社会科学研究》，2011年第4期，第115页。

② 张廷玉《明史·艺文志》以“六经”为基本类目，《孟子》收入“四书类”（张廷玉：《明史》卷96《志》第72，清乾隆武英殿刻本），万斯同《明史·艺文志》则以《孟子》附“五经”类目之后，并以“经解”为“五经”、“四书”总解，（万斯同：《明史》卷133《志》107，清钞本）可见其基本类目为“五经”与“四书”。《四库全书》以“五经”为基本类目，《孝经》之后另列“五经总义”与“四书”之目（永瑢：《四库全书总目》，中华书局1965年版）。张之洞《书目答问》将“十三经”与“五经四书”合刻各本一同收入“五经正注”部分。（张之洞、范希曾：《书目答问补正》，上海古籍出版社2001年版。）。

令（中小学）全读《十三经》”。[1] 然而，这并不是当时某种学风及其所影响的官方决策所致，只是官方的决定，并非经学类目的变革。清末许多学者并不认同以“十三经”为儒家经典。除龚自珍提出“六经正名”论之外，今古文经学的大家，如皮锡瑞、康有为、刘师培、章太炎等，都在不同的意义上反对以“十三经”为经。刘师培《经学教科书》虽然论及《孝经》《尔雅》，但遵循的是《汉书·艺文志》的先例，《孟子》也是在“四书”传统中单独论及。[2] 不仅如此，终清之世，宋学与汉学、古文经学与今文经学的纷争始终存在，他们对于经典的认识各不相同，甚至极端否认对方认可的某些经典。例如，康有为便视《周礼》《左传》等古文经典为刘歆的伪造。汉代所谓“五经”与先秦所谓“六经”是唯一的共识。直至二十世纪三四十年代，蒋伯潜、钱基博等学者仍然未以“十三经”为儒家经典。[3] 但是，经学传统中断之后，反倒是经过许多不再传承经学传统的现代经学史家的追认，“十三经”开始被追认为传统儒家的经典，甚至被追认为儒家经典的最终结集。

“六艺”、“五经”与“四书”或“兼经”始终是历代经学与官学的中流砥柱。以“六艺”“五经”为基础的经数扩展历代都有，经典的精简也是重要的现象，但“五经”的名实从未被取代，始终是根本的经典。历代经数的因革（包括“十三经”的出现与盛行）始终没有改变“五经”经传的根本地位，反而是汉代

---

① 《清史稿》《志》89《选举》2，民国十七年清史馆本，第 10 页 b。

② 刘师培：《经学教科书》，上海古籍出版社 2006 年版。

③ 蒋伯潜：《十三经概论》，上海古籍出版社 1983 年版，第 8 页。

“五经”与先秦“六艺”核心意义的体现。

四、“十三经”问题

迄今为止，学界认定“十三经”为儒家经典最终结集的标准，并不是以传统儒学或经学本身的类目为依据，而更多的是以文献出版与官方名目为标准。由于传统儒学与经学学派因革存在复杂而多样的脉络，现代学界通常认定的“十三经”渐次形成的名目轨迹反而需要架空传统经学本身的共识及其论辩的类目与脉络。两宋以来，“十三经”之说逐渐在民间形成并通行，后为官方援用。同时，宋学大盛，宋学内部有理学、心学等不同的学派，虽然它们所尊经典不尽相同，但都不欣赏“十三经”代表的经传注疏传统。直至清代，汉学复兴，其与贵为官学的宋学一度势同水火，而二者对于经传的选择更是大不相同。在清末学界，今文经学之风大盛，今古文之争又起。今文经学的许多学者，特别是龚自珍、康有为等，明确反对并质疑“十三经”之类的说法。以“十三经”为儒家经典的最终结集，显然忽视了传统经学本身的类目与共识，也忽视了其论辩的复杂与丰富。如果以“十三经”为所谓传统经典的最终结集，只能以零散而晚近的官方权威与出版界通行的情况为标准。

可能有学者会认为，“十三经”至少是汉学尊奉的经典。不过，从“十三经”传统开始之初，直至“十三经”文本在清代得到系统整理，它从来都没有成为严格的汉学意义的经典类目。

唐初撰定《五经正义》，《易》选择王弼、韩康伯注，《书》孔安国传，《诗》毛诗郑笺，《礼》取《礼记》郑玄注，《春秋》

《左传》杜预注。孔颖达等选取这数门经传家法，并不是因为当时“五经”家法只保留了这五种经传注疏。后被收入“九经”的《公羊传》《穀梁传》《仪礼》《周礼》，便是这五种经传注疏之外的其他汉代“五经”经传。唐代“五经”并非按照汉代“五经”包容众多经传的方式，将各种不同的家法纳入其中。唐初定五种经传注疏文本作为“五经”，并非汉“五经”经传硕果仅存。① 经传的注疏更是如此。根据陆德明《经典释文》所录，《易》注凡三十三人，而以王弼、韩伯为主；《书》注九家，以孔安国、王肃为正；《诗》注八家，而独尊毛、郑；《周礼》注四家，《仪礼》注十一人，《礼记》注六家，而三礼注则俱以郑为主；《左传》注八家，而用杜预。② 其中的取舍开了唐代计算经数方式的先河，但也说明，唐代选定“五经”与“九经”及其注疏文本，并非因为别无选择，而是大有可以选择乃至兼容并蓄的余地。江藩在其批评中便指明了这一余地。他说：

> 惜乎孔冲远、朱子奢之徒，妄出己见，去取失当：《易》用辅嗣而废康成，《书》去马、郑而信伪孔，《穀梁》退麋氏而进范宁，《论语》则专主平叔。③

虽然皮锡瑞、张宝三等为孔颖达等辩护，说隋唐“学风好尚”已经为此开了先河，④ 但此处问题的关键在于：这种好尚也说明，唐代“五经”与“九经”等经数体现的选择本身不是唯一

---

① 参见阮元：《十三经注疏（附校勘记）》，中华书局 2003 年版。
② 齐佩瑢：《训诂学概论》，中华书局 2004 年版，第 286~287 页。
③ 方东树：《汉学商兑》卷中之下，清光绪十一年刻本，第 56 页 a。
④ 张宝三：《五经正义研究》，华东师范大学出版社 2010 年版，第 47 页。

可能的选择，更不是在传统经学中具有绝对权威的选择。唐代“五经”一系的传统，只是众多可能和实际的经学好尚中的一种而已。

“石壁九经”刻成之后，也因为“师法”的问题受到多方批评：

> 又乖师法，故石经立后数十年，名儒皆不窥之，以为芜累甚矣。①

“石壁九经”所选十二部经传家法大体为“石室十三经”继承，这些家法只是唐末仍存的众多家法中的部分选择而已。根据《唐六典》：

> （国子监）诸教授正业，《周易》郑玄、王弼注，《尚书》孔安国、郑玄注，《三礼》、《毛诗》郑玄注，《左传》服虔、杜预注，《公羊》何休注，《榖梁》范甯注，《论语》郑玄、何晏注，《孝经》、《老子》并开元御注，旧令《孝经》孔安国、郑玄注。②

后世通行的《十三经注疏》刻本所选的经传注疏，大体而言，《周易》唯有王弼注本、《尚书》唯有孔安国注本、《左传》唯有杜预注本、《论语》唯有何晏注本、《孝经》则唯有李隆基注本。所以，不仅《五经正义》是在众多经传家法间的取舍，“石壁九经”的经传注疏选择也是如此。唐代“五经”与“九经”以

① 《旧唐书》卷17下《本纪》17下，清乾隆武英殿刻本，第39页b。
② 《唐六典》卷21，明刻本，第4页a。

取舍家法的方式保存了一些家法，也舍弃了许多家法，更以统一经典的方式打乱了汉代以来的经传注疏传统，也取消了家法之间的差异，混合了魏晋以来的义理传统与汉代经学传统的差别，也遮掩了汉代今古文家法之间的分歧。

如果以汉学尊重师法传统或保存经典的诉求为标准，“十三经”并不是无可争议的经典类目。在汉学大盛的清代，情况便是如此。我们可以从汉学的辨伪、辑佚两个角度发现这一情况。

就辨伪而言，孔安国《古文尚书》之为伪书，在清代被许多汉学家视为定论。虽然尊奉汉学的阮元编订《十三经注疏》仍然延续先例，将《古文尚书》包括“伪孔传”都纳入“十三经注疏”之列，并未将其中与《今文尚书》相同的部分之外的篇章删除，如同去掉许多学者非常重视的《大戴礼记》。经典如果本身真伪有问题，其经典性质自然另当别论。其实，阮元并非没有考虑到这一点，他编订《十三经注疏》，并不意味着他认同以“十三经”为最终的经典类目。阮元编订《皇清经解》，便将《大戴礼记》纳入其中。他在为孔广森《大戴礼记补注》所写的“序”中说：

> 学者皆举十三经之目。十三经之外，宜亟治者，惟《大戴礼记》矣。[①]

《大戴礼记》无论如何有问题，也不一定如伪孔《古文尚

---

① 阮元：《大戴礼记补注序》，孔广森《大戴礼记补注》，清嘉庆二十二年曲阜孔氏仪郑堂刊本，第1页。

书》那么严重，但出于保存经典的目的，汉学家仍然非常重视它。这便涉及第二个方面，即辑佚的问题。宋明以来，许多汉学家在“十三经”保存的汉代经传家法之外，收集了许多佚失的经传家法。清代汉学学者极其重视辑佚，对此做了大量工作，几乎最为重要的汉学学者都对辑录“十三经注疏”之外的汉代经传家法注疏有所贡献。他们显然不满足于“十三经注疏”保存的经传注疏，尽可能充分而本原地占有传统经传注疏的文献是汉学的基本要求之一。因此，即便按照汉学的原则，相对于汉代众多经传家法来说，“十三经”代表的经传谱系范围太过狭窄，不足以成为毫无问题的儒家经典结集，也不应该成为儒家经典的最终结集，还有许多经传注疏有待辑录和恢复。

虽然“十三经”之说在明清时代比较通行，但我们很难在历代儒家学者的著作中找到以“十三经”为取代“五经”或“四书”的儒家经典甚至是儒家经典最终结集的观点。汉学家也不可能严肃地如此认定，《十三经注疏》的编撰者阮元的立场便是典型的例证。“十三经”无论是在儒家经学总体范围内，还是在传统经学制度之中，或者在历代正史与书目之上，都未曾成为取代“五经”与“四书”的儒家经典，更未曾在经学传统中断之前成为儒家经典的最终结集。以“十三经”为儒家经典或儒家经典的最终结集，恐怕与传统的经学与经典传统的事实并不相符，更是掩盖了传统经学的复杂与丰富，更多的是将现代形成的观念与做法反溯于古代。

五、结 语

“五经”或“六经”始终是传统经学的根基，无论是历代官方还是私家学者，种种因革损益都未曾改变这一点。“五经”与“六艺”成为官学之前，《庄子·天下》篇以之为“百家之学”的源泉；经典考试制度废除之后，马一浮等倡导以“六艺”统摄一切学术。[①]“五经”或“六艺”本身的博大并非简单的经数文本可以局限。经学之为经学，并不一定来自具体官方权威的认定或社会风潮的推崇，它超出了一朝一代的思想蜂巢与官私学制之外，更超出了图书出版的类目之外，并且是后者参考的基本依据。只有拨开对“十三经”的误解，才能更加清楚地看到历代经学传统及其因革损益的本真样貌，才能理解“五经”“六艺”及其蕴含的学问与文明的精神与形态。

参考文献：

[1]班固. 汉书[M]. 清乾隆武英殿刻本.

[2]范晔. 后汉书[M]. 百衲本景宋绍熙刻本.

[3]李林甫. 唐六典[M]. 明刻本.

[4]刘昫. 旧唐书[M]. 清乾隆武英殿刻本.

[5]欧阳修. 新唐书. 清乾隆武英殿刻本.

[6]王溥. 唐会要[M]. 清武英殿聚珍版丛书本.

[7]程颢. 二程遗书[M]. 清文渊阁四库全书本.

① 马一浮：《泰和会语》，《马一浮全集》（第1册卷1），浙江古籍出版社2013年版。

[8]晁公武. 郡斋读书志[M]. 四部丛刊三编景宋淳祐本.

[9]曾宏父. 石刻铺叙[M]. 清知不足斋丛书本.

[10]脱脱. 宋史[M]. 清乾隆武英殿刻本.

[11]范成大. 石经始末记[M]//周复俊. 全蜀艺文志. 清文渊阁四库全书本.

[12]黄汝成. 日知录集释[M]. 清道光西谿草庐刻本.

[13]阮元. 十三经注疏(附校勘记)[M]. 北京:中华书局,2003.

[14]万斯同. 明史[M]. 清钞本.

[15]张廷玉. 明史[M]. 清乾隆武英殿刻本.

[16]永瑢. 四库全书总目[M]. 北京:中华书局,1965.

[17]焦循. 孟子正义[M]. 清焦氏丛书本.

[18]孔广森. 大戴礼记补注[M]清嘉庆二十二年曲阜孔氏仪郑堂刊本.

[19]方东树. 汉学商兑[M]. 清光绪十一年刻本.

[20]龚自珍. 龚自珍全集[M]. 第 1 辑 . 上海:上海人民出版社,1975.

[21]张之洞,范希曾. 书目答问补正[M]. 上海:上海古籍出版社,2001.

[22]赵尔巽. 清史稿[M]. 民国十七年清史馆本.

[23]叶瑛. 文史通义校注[M]. 北京:中华书局,2004.

[24]刘师培. 经学教科书[M]. 上海:上海古籍出版社,2006.

[25]章太炎. 国学概论[M]. 上海:泰东图书局,1923.

[26]王国维. 观堂集林(外二种)[M]. 石家庄:河北教育出版社,2001.

[27]马一浮. 马一浮全集[M]. 第一册 . 杭州:浙江古籍出版社,2013.

[28]钱基博. 经学通志[M]. 上海:中华书局,1936.

[29]蒋伯潜. 十三经概论[M]. 上海:上海古籍出版社,1983.

[30]齐佩瑢. 训诂学概论[M]. 北京:中华书局,2004.

[31]张宝三. 五经正义研究[M]. 上海:华东师范大学出版社,2010.

[32]舒大刚. "蜀石经"与《十三经》的结集[J]. 周易研究,2007(6):68-75.

[33]舒大刚.《十三经》:儒家经典体系形成的历史考察[J]. 社会科学研究,2011(4):108-116.

[34]程苏东. 再论"十三经"的形成与《十三经注疏》的结集[J]. 国学研究,第 25 卷,2010.

[35]程苏东. "经目"释论:以经学史为论域[J]. 北京大学学报(哲学社会科学版),2012,49(6):41-48.

《皋陶谟》论礼

《皋陶谟》是《尚书·虞书》中备述礼治思想的篇章。皋陶是尧舜时代的“大法官”，他提出的礼治思想被传统儒家视为万世宪章。因为疑古思潮的影响，《皋陶谟》的历史地位曾经备受忽视。但是，按照传统儒家的理路，就《皋陶谟》的历史意义而言，该篇虽然没有对礼法做出具体的规定，但它对于天人上下与典礼服刑的阐释，对后世礼法传统具有典范意义。皋陶公私统一的礼法思想，对于我们更加全面地理解礼法传统具有重要意义。作为大法官，皋陶对中道德行的强调说明，可以使我们今天提倡的法治与传统儒家的德治在根本精神上相得益彰。

《皋陶谟》等《尚书》篇章的真实性问题，是现代学者研究的焦点，其中的义理思想，特别是有关礼的思想及其历史意义备受忽视。其实，根据现代学者不断推进的考证，《皋陶谟》作为儒家对文明源头史实与精神的追述，其历史、政治与思想意义不容小觑。虽然《尚书》后世注疏未能对《皋陶谟》中所谓“礼”有证据确凿的解释，但是根据原文与后世注疏的基本理路，我们可以确定的是，皋陶阐释“礼”的理路明确地体现在天人上下的等级意义与典礼服刑的实践精神两个方面。这种等级意义首先是公私统一的等级，而不是权威与阶级的差别；这种典礼服刑不是提供了普遍的规范，而是体现了不偏不倚的公义。皋陶表达的公私统一的等级思想与不偏不倚的中道精神，成为后世礼法传统的根本典范，为我们全面地理解依法治国提供了难能可贵的文明根基。

一、《皋陶谟》的历史定位

现代学者较少探讨《皋陶谟》中的思想。《皋陶谟》是否反映了唐虞时代的真实状况，这类问题成为现代《皋陶谟》研究的焦点。但是我们现代理解的真实，通常仅限于相关人物是否存在与相关事件是否如此等事实层面的真实，却较少触及其中的道义与理想的真实。

即便就史实的真实来说，《皋陶谟》的历史意义也不可忽视。但是，许多前辈学者因为前人有将传闻等同于事实的倾向，而将传闻简单地视为虚假。王国维说，《皋陶谟》“文字稍平易简洁，或系后世重编，然至少亦必为周初人所作”。[①] 顾颉刚说，《皋陶

① 王国维：《古史新证》，湖南人民出版社 2010 年版，第 2 页。

谟》写定的时代应在秦、汉，因为《皋陶谟》所反映的事实不少是取材于秦代，比如“秦以六纪，而《皋陶谟》的山、州、师均以六纪可证”。[①] 唐虞远在周代之前近千年，文字初创，语言是否能与后世直接相通都是问题，不加训诂乃至翻译的直接转述应当难以想象。周人不大可能不加训释或翻译地将唐虞文献的内容直接编入《尚书》。在不考虑其他材料的情况下，我们不能因为《圣经》和合本的语言比桐城派的文体更加直白，便认定姚鼐的文章比《圣经》更加古老。至于顾颉刚提及的“六纪”的证据，相反的解释也可能，何必认定“六纪”之说出自秦，而不是秦秉承了前代？王国维与顾颉刚等因为文句否认《皋陶谟》为周之前的作品，在缺乏其他材料的情况下，其实是将可疑当成了否认。孔子对《尚书》所述史实的态度比许多现代学者的态度严格审慎得多。《史记·三代世表》云：“太史公曰：五帝、三代之记，尚矣。自殷以前诸侯不可得而谱，周以来乃颇可着。孔子因史文次《春秋》，纪元年，正时日月，盖其详哉。至于序《尚书》则略，无年月；或颇有，然多阙，不可录。故疑则传疑，盖其慎也。”孔子对待《皋陶谟》等《尚书》篇章的态度，是疑则传疑，阙则传阙。相对于现代许多学者将可疑等同为虚假，将缺略等同为无知，孔子疑则传其疑，阙则传其阙，显然更加符合逻辑，更加审慎负责。

屈万里说：“近人考论先秦书籍（此指真正传自先秦的而言）之真伪的，常常喜欢用阎百诗考论《伪古文尚书》的办法，即凡

① 顾颉刚：“论今文尚书著作时代书”，《古史辨（一）》，上海古籍出版社 1982 年版，第 203~206 页。

是本书与他书的句子或意义相同的地方，便以为是本书袭的他书。”[①] 例如，李泰棻等以《论语》、《孟子》与《吕氏春秋》等篇与《皋陶谟》的相合，证明《皋陶谟》作于《吕氏春秋》之后。[②] 其实，有些学者，如朱廷献，正是用相同的材料证明《皋陶谟》先于《论语》《孟子》。[③] 两种情况都有可能。但是，无论如何，即便《皋陶谟》文本为后起，可以肯定的是，《皋陶谟》所述内容正是《论语》《孟子》《吕氏春秋》等能够论说相关内容的前提，否则《论语》等也无从将其作为公共话语谈起。按照孔子疑则传疑、阙则传阙的原则，我们可以确定的是，即便《皋陶谟》并非尧舜时代直接传承而来的史料，即便它是《吕氏春秋》之后的著作，现有的材料也能够说明，孔子的时代之所以能够将尧舜禹的事迹当作一种公共的历史事件传述，正是因为《皋陶谟》所述历史传闻、所述人物、事件及其德义形象早已处于《论语》《孟子》等先秦经典的文明背景之中。

传统儒家毕竟未将《尚书》有关尧舜禹的篇章仅仅作为一种神话或寓言。就理念的传播来说，神话可能更加有用。就史实的探讨来说，前人的恶行较诸善行而言，即便不是更多为人所见，也是同样众所周知。儒家之所以不选择以神话或寓言为主要形态传播其道义与理想，是因为儒家传播的不仅仅是一己的道义与理想。《韩非子》记载诸多历史人物相互争斗的“恶行”，其旨归不在倡导文

---

① 屈万里：“尚书皋陶谟篇著成的时代”，《“中央研究院”历史语言研究所集刊》（第28本），（台北）台湾“中央研究院”历史语言研究所》1957年版，第381～292页。

② 李泰棻：“皋陶谟正伪”，《今文尚书正伪》，（台北）大通书局1970年版。

③ 朱廷献：“先秦古籍引尚书经文考”，《哲学研究》（第二辑），书目文献出版社1986年版，第70页。

明的善行，而是以争斗为常态，以权术为正理。以何种方式，选择什么样的史实加以传承，不是无关紧要的问题。《礼记·中庸》说："仲尼祖述尧舜，宪章文武"；孟子说："我非尧舜之道，不敢以陈于王前"（《孟子·公孙丑下》）；"仲尼之徒，无道桓、文之事者"（《孟子·梁惠王上》）。有关齐桓公、晋文公的史实，当孔孟之时，文籍与见闻者俱在，《春秋》多有述及，"仲尼之徒"自然不是避而不谈。孟子表达的意思恐怕在于史实去取体现的历史与道义。儒家对于历史的态度，是在思想观念中理解史实之中的道义，也是在自身的德行实践之中，对历史的内容做出有道的选择，使命性地将自己的选择传承给后代。孔子说："文王既没，文不在兹乎？天之将丧斯文也，后死者不得与于斯文也；天之未丧斯文也，匡人其如予何？"（《论语·子罕》）历史的传承不是与我们无关的资料的传承，它首先是文明的传承，是德行实践的传承。

"谟以记言"，《皋陶谟》的特别之处在于，其所传述的史实本身就是皋陶表达的道义与精神。《皋陶谟》是先秦儒者传述唐虞礼乐思想的道义与善美的经典篇章，它不仅是史实的传述，也是道义的表述与理想时代的展现。我们试图解析的主题，即皋陶所论之礼及其基本精神与形态，可以作为先秦儒者对唐虞时代精神的传述，我们自然也需要在儒学的传统中理解《皋陶谟》传述的"礼"的精神。

二、《皋陶谟》论礼

根据《尚书·舜典》传述，帝舜因贤授官，皋陶受命作"士"，执掌刑律。皋陶因此被视为中国法官的始祖。舜命禹为百官之首，统领政事。《皋陶谟》是皋陶向舜禹君臣所陈之“谟”，是司法官对政府首脑的谏诫，即宋代尚书学者林之奇所谓“所以告戒于君者”[①]。由于内容涉及对天子及官员的规范和限制，后世学者曾经表达对皋陶在舜禹面前那种高高在上的规训姿态的疑虑。有人甚至认为皋陶在禹面前以言论表现自己，禹则以其似乎是以强调自身功绩的话语予以回应。朱子也仅仅以“古人直”加以周全。[②] 他们可能没有从他们的职份理解他们言说的礼法意义，而将其理解为日常言谈。其实，《皋陶谟》之所以成其为“谟”，正是因为其内容有礼法的宪章性解释意义。所谓“典以记事，谟以记言”，《皋陶谟》重要的正是皋陶言说的经典与规范。皋陶身为最高法官，其言即其行。皋陶对天子与百官之首的要求是其司法官的职责所在，可以理解为礼刑对权位的规范。孟子所谓瞽瞍杀人、皋陶执之的假想，表达的正是礼法的这种至高无上。禹谦逊称是，之后又向皋陶陈述自己的业绩，不是以事功相炫，这一态度可以理解为，他是以百官之长尊重礼法的精神向其说明自己施政的情况，以便接受评定。皋陶的言说，相应的是对礼法的正式解释。由于皋陶初始大法官的身份及其言说的宪章意义，《皋陶谟》作为《尚书》首篇和唯一一篇备言德礼刑政的篇章，为后世儒者传扬，成为历代礼治的根本宪章。正如林之奇所说：“立之于此，万世之所取正也。”[③]

《皋陶谟》中“礼”字仅出现于“天秩有礼，自我五礼有庸

---

① 林之奇：《尚书全解》（卷五），清文渊阁四库全书本。

② 黎靖德：《朱子语类》（第三卷），岳麓书社 1997 年版，第 1815 页。

③ 林之奇：《尚书全解》（卷五），清文渊阁四库全书本。

哉”，这句话在《皋陶谟》思想整体之中占据着重要位置。《虞书》中并无对“礼”与“五礼”的直接说明，我们对它们的理解常常是依据后代的阐释。历代注疏极少直接对“礼”做具体的训释，阐释与分歧的焦点在“五礼”。但是后世对“五礼”的各种具体解释，都曾被批评为太过无据。以“吉凶宾军嘉”解释“五礼”是一种通行的理解。郑玄则认为，“唐虞有三礼，至周分为五”，唐虞时代这五种礼还没有出现，不过，他却以周制“公、侯、伯、子、男”解释《舜典》“五礼”。[①] 孔颖达认为，郑玄和王肃以天子、诸侯等解释《皋陶谟》“五礼”，都是“无文可据，各以意说”，但他没有做具体的论证，反而遵循孔安国的解释，以《舜典》“五礼”为吉凶宾军嘉，以《皋陶谟》“五礼”为公侯伯子男。[②] 郑玄的批评其实可以适合于所有这些解释，包括他自己的解释。因为无论是吉凶军宾嘉，还是公侯伯子男，可能与唐虞时代的情况都不一致。吴棫也曾经指出，唐虞时没有“吉、凶、军、宾、嘉”之名，周代才出现此“五礼”之名。[③] 他的批评较为审慎。唐虞时代五礼之名是否出现确实是问题，但吉、凶、军、宾、嘉五种类型的礼之实却可能已经出现。顾颉刚则认为，这些说法，包括孔颖达自己的看法在内，都是“各以意说”，天子、诸侯、卿大夫等在周代也是逐渐发展而成，唐虞时代不可能有类似的“五礼”。顾颉刚的批评过于笼统，没有注意到名实的差异。不过，朱子对吴棫的看法也提出过批评。朱子反问说，

---

① 孙诒让：《十三经注疏校记》，山东人民出版社 1983 年版，第 451 页。
② 孔颖达：《尚书注疏附释音》（第四卷），清嘉庆二十年南昌府学本。
③ 黎靖德：《朱子语类》（第三卷），岳麓书社 1997 年版，第 1795 页。

我们怎么知道唐虞时代没有这五种礼之名呢?[①] 虽然朱子针对的是吴棫对“吉凶宾军嘉”五礼的质疑，但他的反驳也适用于所有上述质疑。因为除非我们有确实的材料，证明唐虞五礼与周代五礼完全不同，否则，说唐虞到周代的礼制是渐次发展出来的，周代的礼制唐虞未曾出现，这种理解只是空洞的假设，不足以否定唐虞时代的“五礼”在名或实上为后世开了先河的可能。当然，尽管如此，我们显然也不能断定唐虞时代确实就有上述几种五礼之名。

虽然《虞书》对“礼”这一概念没有直接的界定，对“五礼”也没有具体的说明，但是皋陶理解“礼”的方式充分展现在其所陈之谟当中，为后世对其所谓“礼”的基本立场、精神与形态的理解提供了必要的背景。一方面，皋陶所述“安民”之事，天人之道，上下之义，贯彻始终。为政者代天立政，根据天所叙秩的典礼，命德讨罪，也当敬畏天民。根据传统的惯常解释，《皋陶谟》中等级之义即是源出于这种天与人、上与下的等级秩序。无论是公侯伯子男，还是天子至于庶人体现的等级，置于这一天人上下秩序之中，便显得自然而然。另一方面，典礼服刑各有体用。按照程颐等儒者的解释，典礼之用，表现于天命与天讨一正一反两端兼顾。吉、凶、宾、军、嘉为礼的实践性致用，也有吉与凶、宾与军一正一反两端兼顾之义，即便不能由典礼服刑的致用之义引申出来，二者不偏不倚、两端兼顾的意义也相通于实践性的事务。《皋陶谟》所述天人上下之义、典礼服刑之事，虽然不一定能够用以具体地确定前述两种五礼，但以这两种五礼

① 黎靖德:《朱子语类》(第三卷)，岳麓书社 1997 年版，第 1795 页。

体现的等级之义与实践之事理解《皋陶谟》所论的“礼”，就天人上下与典礼服刑而言，并不是无理无据。

（一）天人上下的等级意义

《皋陶谟》中天人上下的等级意义对后世具有典范性。等级是传统所谓礼的重要内涵，也是礼最受误解和批评的意义。

后世阐释天人关系的立场多种多样，有神道设教的意义，有自然主义的解释，有形而上学的疏解，有道德工夫的发挥。因此，我们可能面对这样的质疑，即等级之义可能并非天人上下唯一和最为重要的意义。但是就《皋陶谟》的语境来说，其所论天人，首先是用以阐发皋陶所谓“安民”之道。杨时说：“‘知人安民’，此《皋陶》一篇之体要也。‘九德’而下，知人之事也。‘天叙有典’而下，安民之道也。”[①]《皋陶谟》所述言论的主体，是皋陶向禹表达的“知人”“安民”之道。这一总结历代注家大都并无异议。“安民”，即是在上者如何安定在下之民的问题；“知人”其实也是察识和选择有德之人，使其居于民众之上，宗旨也归于安民。知人与安民，其实都预设了在上者与在下者的区分与统一，这是皋陶表达知人、安民之道的基本前提。按照皋陶“天工人其代之”的看法，在上者与在下者区分和统一的基本依据又是天人的分与合。无论是典礼还是服刑，都是由上天所定，以治下民；天叙、天秩、天命、天讨，无不借助上天的尊严以规定人事。因此，即便天人关系本身预设了形而上学等各个层面的意义，即便其他意义在许多情况下更为重要，但

① 蔡沈：《书经集传》（卷一），清文渊阁四库全书本。

是毫无疑问，天人关系在《皋陶谟》中的首要意义当为君臣上下等级的依据。

首先，天人等级的关系有分与合两面，《皋陶谟》等篇章是以等级的差别理解天人相分。

天人的相分，意味着天与人属于上下不同的等级。所谓“钦若昊天”，人在实践中当敬畏上天；所谓“象共滔天”，批评的是表面恭敬，实际肆无忌惮；“浩浩滔天，下民其咨”，“四海困穷，天禄永终”，不仅君主的得失存亡以天为准，臣民乃至自然的得失存亡都端赖于天；“天叙有典”“天秩有礼”“天命有德”“天讨有罪”，天至高无上，规定了人事的秩序、准则、德行与罪愆；典礼服刑，是非善恶，得失存亡，不是人能够任凭私意便能决定的事情。人在实践中当体知自身的有限性，特别是是非善恶、得失存亡方面的有限性；如果执迷于一己的私意、一己的欲念，甚至以之作为至高无上的法则，漠视至高无上的天，或者将其与有限度的人欲混为一谈，那只是自暴自弃于天而已，无损于天定是非善恶；即便是天子，如若如此，也将“天禄永终”。

以君臣上下的等差归本于天人的等级，是后世的通例，自不待言。历来统治者都说法天，都以天命自居，以此为君位在上的依据。圣王如此，暴君同样如此。夏桀自比为日，商纣自以有命在天。但是根据儒家的传统理解，桀纣的据天与尧舜的法天有本质的不同。孔子曰：“天无私覆，地无私载，日月无私照。”（《礼记·孔子闲居》）孔子即是以无私理解天、地、日、月的博大。孔子说：“大哉，尧之为君也！巍巍乎！唯天为大，唯尧则之。”

(《论语·泰伯》)孔子所谓天之“大”，皇侃以“无私”解之，[1]符合前引孔子对天的理解。天之大，在于其无私。天之所以至高无上，正是因为它超乎万物与人事的一己之私。但凡是非善恶、得失存亡，并非一己之私事，皆为天定，所谓天定，无非是说非任何人所私定。这种大而无私的精神，即是“公”的精神。《尔雅·释言》称：“公，无私也。”《礼记·礼运》对尧舜时代的评价是，大道之行也，天下为公。选贤与能，讲信修睦。尧之法天，在于不以天子之位为一己之私，而能行禅让之事；他禅让君位，不是为一己之欲谋私利，而是为天下举选贤圣；舜本位居下民，影响甚微，甚至不容于其父；舜之所以被选中，正是因为他有大公无私之德，虽不见爱而能孝，虽处尊位而容众；舜也以这种大公无私的精神通贤共治，将天子之位禅让给禹。尧舜禅让，通贤共治，正是对天之大公无私的依法。相比而言，桀纣自比天日，以一己之私高居天下之上，不是尊天，而是卑天以为己；他们没有以公义理解天，反而以私意肆意妄为，陷民于水火，其所谓天，只是代表他们的私意而已。桀纣之为暴君，其意正在于公私的颠倒，恰恰是等级的失序。

最高法官皋陶所陈之谟，备叙法天以安万民之道，是对天子与百官的警戒，其基本的命义即是天之公义在万民之上，天子舜与百官之长禹也不例外。《皋陶谟》说：“天工人其代之。”立君、立官，在于代天行公义，不在于使得成为君上的人或家的私意高于他者之上。天高于人，上高于下，天子、诸侯、卿大夫、士、庶人，依此有其等级，实质即是公义渐次先于下一级之私意，而

① 皇侃：《论语义疏》（卷四），清知不足斋丛书本。

不是在上者一己、一家、一国之私意高于在下者。凡典礼服刑，无非天义，在上者所依之典礼、所行之刑政，无不以公义为准。《皋陶谟》说："天视听，自我民视听；天明畏，自我民明威"，直接针对君上以一己的私意代替公义，乃至损害民众的情况。天由民而视听明威，也是天之公义的体现。天子以私代公，有诸侯下民的视听明威，以见天之公义；诸侯以私代公，有卿大夫下民的视听明威，以见天之公义。《皋陶谟》所明等级的差别，由天至人，由上至下，都是公义先于私意的次序。

其次，《皋陶谟》等篇章是以等级的同一理解天人合一。等级的差别与其同一相对，二者其实是等级的两个不可分割的面向。

现代所谓等级，大多偏重其差别的一面，主要表示权利或地位的不平等，所以等级往往与平等对立。儒家传统称述的上下有等，多被理解为主张一种权力与地位的不平等。现代所谓平等与不平等不足以理解儒家所谓等级。《说文》曰："等，齐简也。从竹从寺。寺，官曹之等平也。"段玉裁注曰："齐简者，叠简册齐之。如今人整齐书籍也。引伸为凡齐之称。凡物齐之。则高下历历可见。故曰等级。"据此，"等"的本义有整齐平等之义，例如，只有书籍底部平齐，才能列出书籍高低的等差，高低不同的"等级"反倒是由此引申而来。"等"的根本意义是平齐，而不是等差，更不是不平等意义的等级。同样，"公"除了"无私"之外，也有另外一种值得注意的解释。《说文》曰："公，平分也。""公"与"等"一样，也有平齐的意义。我们不能因此贸然认为这种平齐即是现代所谓平等。等的本义，以"同等"这一概念表示更加合适。《礼·曲礼》有："见同等不起。"卫湜引庐陵方氏之言曰："同等不起，与己无上下之间故也。"①"同等"与上下等级相对，即没有上下等级的差别。按照前述段玉裁的理解，等在本义上比等差更为根本。同等作为根基，等差才能区别，权力与地位的平等与不平等才能得到衡量。我们只有首先将不同的人放在同等的基础上，才能辨识出他们之间的等差，辨认出他们是有高有低还是相互平齐。

同等意味着天之公义在每个个体身上的同等体现。《皋陶谟》所述"知人"一段，所谓"行有九德"，是为"官人"的根据。人与人之间同等，都是天之公义之所在，没有谁生来比他人更加尊贵。"官人"的依据不是任何地位与权势的差别，而是德行的差别，德行差别的根据仍在于多大程度上能够厉行公义。皋陶所谓九德，有十八种，两两相对，注重的是不偏不倚，正是公义的要求；三德、六德、九德的区分，分别对应于刚柔中正，也是不同程度的不偏不倚，对应不同程度的公义要求。"日宣三德，夙夜浚明有家"，具备三德，可行一家之公义；"日严祗敬六德，亮采有邦"，具备六德，可行一国之公义；"九德咸事，俊乂在官。百僚师师，百工惟时。"具备九德，可以平齐天下。家族、国家以至于整个天下，渐次体现了不同程度的公义，主持公义的首先应该是德高望重、能够担当公义的人，任何人只要够担当一定程度公义，便可以且应该担当一定等级的公职。《仪礼·士冠礼》和《礼记·郊特性》有一段重复的经典言论："天下无生而贵者也。继世以立诸侯，象贤也。以官爵人，德之杀也。"《孔子家

① 卫湜：《礼记集说》（卷五），清通志堂经解本。

语·冠义》将其语归诸孔子，意思是人生来就具有同等的尊严，都有同等的可选为官职的尊严，只要有德。所谓“继世”，即是继承父祖的职位，之所以有时而可行，只在于“象贤”，“官人”的根本依据仍需在于德行。这一原则的预设便是“天下无生而贵者”，人人天生便有同等的尊严。按照同等的精神，对于在上者来说，《皋陶谟》有所谓“天工人其代之”，对于在下者来说，《皋陶谟》也有所谓“天视听自我民视听”“天明畏自我民明威”。这可以理解为天的尊严在君臣上下不同人身上的同等体现。公、侯、伯、子、男的等差不是个体尊严的高低，而是天官职位公私程度的高低，身处各不同等级的人拥有同等的尊严。皋陶评定人的唯一标准就是体现公义的德行，而不是预设任何形式的公义之外的高低贵贱。官爵的高低是以所有人人格尊严的同等为基础，否则我们便无法准确地比较不同的人，不能准确地判断他们适合的职位。德行的不齐也是以人格的同等尊严为基础，否则我们也不能比较不同的人的德行。而无论是德行的不齐，还是血缘、资产、权势的不齐，都必须以同等为基础，才能得到公道的判断。

礼之等级，按照《皋陶谟》所述天人上下的合一与相分的意蕴，既意味着不同公私级别之间公先于私的等差，也蕴含着所有不同个体之间相对于天之公义的同等。如果说公私之分体现的是天人之间的等差，需要区分上下以示差别的话，那么天人合一的意义便在于天同等地体现于所有人与物之上。天人之分在实践中的意义为公私之间的先后次序，天人合一在实践中的意义相应地体现为公私的合一和私与私之间的同等。公相对于所有个体、家、国之私的优先，与公在所有个体、家、国之间之上同等的体现，乃是天之大公精神完整的体现。

（二）典礼服刑的精神与形态

《皋陶谟》的礼治思想具体体现在其所谓典礼服刑之上，典礼服刑体现了礼的基本精神与形态。时移世易，“五典”、“五礼”与“五服”、“五刑”，具体是指哪些成文的典章制度与刑律规则，难以考证，也不再那么重要，重要的是《皋陶谟》如何理解它们的基本精神与形态。皋陶理解“礼”的方式，无须预设典礼服刑的各种具体规范。

皋陶作为“大法官”，对典礼服刑的解释有其宪章的意义。孔子也曾任鲁国大司寇，与皋陶一样，执掌刑律。二人都曾身居法官之职，都主张以德礼为本，刑政为末。孔子说：“道之以政，齐之以刑，民免而无耻；道之以德，齐之以礼，有耻且格。”(《论语·为政》)孔子此言可以理解为对《皋陶谟》安民之道的总结。大体而言，典表现于德，礼即在于礼，服命在于政，讨罪在于刑。典礼为本，刑政为末，这种德礼刑政或典礼服刑的文明形态经由皋陶的开拓、孔子的阐扬，已经成为传统文明的基本特征。明代学者薛瑄指出：“古人论治，必本末兼举。”他说：“《皋陶谟》典、礼、刑、赏四者，万世为治之大经不出于此。先儒谓，知人、安民，《皋陶》一篇之体要，窃谓‘允迪厥德’，又知人、安民之本源也。”[①] 按照薛瑄的理解，本末是传统儒者理解政事的基本原则。典礼服刑，本身有本有末。服刑之本在典礼；典

---

① 薛瑄：《读书录附续录》（读书录卷七），清文渊阁四库全书本。

礼服刑之本在安民；知人、安民之本由在知人、安民者自身的德行。典礼服刑作为皋陶所述知人安民之道的具体纲领，以德行为其根本。“允迪厥德”是《皋陶谟》一篇的根本；传统礼治宪章的根本，即在于德行。

皋陶所谓德的意义体现在其实践之中，即在知人与安民。其中，知人之道，在所谓“九德”；九德有十八种，每一德都是两两相对，各有两端；而其大体有三，有刚、有柔、有正，也是各有两端，分别体现了不同程度的不偏不倚、无过无不及，皆以中为正。同样，安民在于典礼服刑的实践，而典礼的中道，也体现在服与刑一正一反两端之间。所以结合后世对其阐述的理解，我们可以说，作为皋陶理解的典礼服刑根本的德行，即是实践意义的中道。黎氏曰：“一言尽天地之道，中之谓也。九德，中之本也。皋陶之言，深于本也。”[①] 德行之本即为中道；中道，则为无本之本，终极性的根本，即《中庸》所谓“天下之大本也”。

“一言尽天地之道”，前述天人关系中的公私之义也当归结于这种不偏不倚、无过无不及的中道德行。“公”与“等”的平齐之义，“公”对不同的私的优先，统一于不偏不倚的中道。这种执中的实践精神被先儒视为尧舜以来圣圣相传的基本精神。

“尧曰：‘咨，尔舜！天之历数在尔躬，允执其中，四海困穷，天禄永终。’”(《论语·尧曰》)舜亦以命禹。先秦孔门已经将中道德行作为尧舜禹相传的根本，作为“天之历数”或者天下公义之所在。宋儒更以之为其圣圣相传、万世而准的道统。朱子在《中庸章句序》中说：“盖自上古圣神继天立极，而道统之传

① 黄伦：《尚书精义》（卷七），清文渊阁四库全书本。

有自来矣。其见于经，则‘允执厥中’者，尧之所以授舜也；‘人心惟危，道心惟，惟精惟一，允执厥中’者，舜之所以授禹也。”① 据此，《皋陶谟》所述修己安民之道的基本精神即是尧舜相传的中道。所谓人心、道心，按照宋儒的解释与当前的语境，即是以公私之辨体现中道。这种公私之辨，就其作为对不偏不倚的中道德行的定性而言，与皋陶的阐述相通。皋陶陈述的典礼服刑的本末形态便是以中道德行厉行公义的具体体现。

皋陶以最高法官的身份向舜禹所陈之谟，正是在这一文明初创、公义章明的时代背景下对公私之义典正的解释与中道的展开。皋陶是从不偏不倚的中道实践理解天下万世的公义，而不仅是从普遍的成文律法层面理解。他典范性的阐发不是偏私于一朝一代的既定秩序，而是不偏不倚地对待天下万事，因此足以成为天下万世的公共宪章。按照这种思路，皋陶所谓典礼服刑体现了担当和理解历史的基本精神。《礼记·礼器》说：“尧授舜，舜授禹，汤放桀，武王伐纣，时也。”尧舜禅让，乃是依据公义，遵循典礼，举有德，命以天子之位的典范；放伐桀纣，也是依据公义，遵循典礼，讨有罪，革其天子之位的典范。三代更替正体现了典礼服刑的让贤与征伐的基本形态。秦汉之后，中央集权，一治一乱，能治者民与之，乱天下者民叛之，更是天民视听明威的体现。公义之中道精神或正或反，尽显于此。虽然三代秦汉，各朝各代，典礼服刑的具体内容各不相同，但对于儒家来说，典礼服刑的根本精神始终如一。因此，皋陶陈谟被视为万世宪章，不在于其超越时间的普遍性，而在于其通过典礼服刑体现的对于天

① 朱熹：《四书章句集注》，凤凰出版传媒集团 2008 年版，第 14 页。

下万世各种情境中公义不偏不倚的担当与尊重。

三、结　语

《皋陶谟》表达了儒家通过追述文明起源而传承的根本礼法精神。其中，天人上下不是权位或阶级的差别，而是公私的等差与统一；典礼服刑首先并非抽象的规范与律法，而是不偏不倚的中道实践的体现。根据《皋陶谟》的传述，皋陶以其大法官的身份提出了天人上下体现的公私统一的精神，使得由此理解的天人上下的等差与统一成为传统文明与礼法制度的根本。无论各个时代具体的制度与律法有何不同，这种公私统一的礼法精神始终是传统文明的根本。这是我们今天更为全面地理解依法治国的文明基础。皋陶身为大法官，执掌的即是依法治国的职责。但是他所传述的礼法精神，首先并非对于规范与律法的某种规定，而是以体现真正公义的中道德行为根本。按照这一精神，礼与法并不对立，德治与法治并不对立，而是在正与反、建设性与惩罚性等方面不偏不倚地实现公义的方式。《皋陶谟》对于礼法的历史与现实意义值得深入发掘。

西方无神论的角色变迁与现状兼评

学界一般将西方无神论史视为无神论不断进化的历史，或者无神论和有神论相互斗争的历史。本文尝试就无神论在不同时期的角色变迁理解无神论的历史和现状。西方无神论经历了从指控异己、异端、异教徒和不信教者的思想罪名，到作为个人、组织乃至国家的明确主张，再到无神论者与有神论者对话这样的主题的演变。21 世纪初出版的《剑桥无神论指南》和《牛津无神论手册》是体现这种对话的综合性著作。无神论对话需要更多文化背景学者的参与。

对无神论的研究，一般按照现代的定义界定历史上的无神论，由此，学界一般将西方无神论史视为无神论不断进化的历史[①]，或者看作其与有神论斗争的历史[②]。如果根据弱的定义，将不借助超自然因素解释自然的思想当作无神论，那么，无神论确实自古便有[③]。但是，如果根据强的定义，以明确否定神存在的思想为无神论，那么，西方历史上可以确证的无神论者直到启蒙运动前夕才陆续出现[④]。尽管如此，无神论概念毕竟在古希腊就已经存在[⑤]。以历史上明确的无神论指称为线索，而不是依据事后的追认，厘清无神论角色的变化，由此梳理无神论的历史脉络与现状，不失为认识无神论的一条新的进路。本文的目的即在于用这样一条进路重新审视西方无神论史及其研究现状。

一、从古希腊到中世纪：作为思想罪名的无神论

在古希腊罗马，没有证据能够表明当时谁是明确否认神存在的无神论者，[⑥]“无神论”主要是他人指控的一种思想罪名。在这

① 牙含章：“《中国无神论史》导言”，《社会科学战线》，1988 年第 2 期，第 91~97 页；王珍：《东西方无神论哲学思想研究》，宗教文化出版社 2010 年版。

② 牙含章：“《中国无神论史》导言”，《社会科学战线》，1988 年第 2 期，第 91~97 页；王珍：《东西方无神论哲学思想研究》，宗教文化出版社 2010 年版；张荣：“《西方无神论史纲》评介”，《河北师范大学学报》，1993 年第 1 期，第 61 页。

③ 王珍：《东西方无神论哲学思想研究》，宗教文化出版社 2010 年版，第 1 页。

④ Sedley，David：*From the Pre-Socrates to the Hellenistic Age*. In Bullivant，Stephen and Ruse，Michael（eds.），*The Oxford Handbook of Atheism*，Oxford University Press，2014：pp109~119；Weltecke，Dorothea：*The Medieval Period*. In Bullivant，Stephen and Ruse，Michael（eds.），*The Oxford Handbook of Atheism*，Oxford University Press，2014：pp137~438.

⑤ Sedley，David：*From the Pre-Socrates to the Hellenistic Age*. In Bullivant，Stephen and Ruse，Michael(eds.)，*The Oxford Handbook of Atheism*，Oxford University Press，2014：pp109~119.

⑥ Sedley，David：*From the Pre-Socrates to the Hellenistic Age*. In Bullivant，Stephen and Ruse，Michael（eds.），*The Oxford Handbook of Atheism*，Oxford University Press，2014：pp109~119.

种背景下，不仅按照自然因素解释世界的思想曾被他人认定为无神论，有些按照神话解释世界的思想也曾被指控为无神论。古希腊自然哲学家开启了以自然因素解释自然的传统。当时通行的宗教将日月等天体视为神灵，阿拉克萨戈拉和伊壁鸠鲁等哲学家则将其解释为自然物，前者因此被指控为不敬神，① 后者被认定为无神论者。② 即便是某些神话思维，也可能被视为无神论。在柏拉图的许多对话篇中，他笔下的苏格拉底不仅以自然因素思考有关自然和社会的学说，也常常通过神话探讨属于宗教的问题。苏格拉底的同时代人根据通行的宗教或者政治立场，认定苏格拉底有关神的思想挑战了通行宗教，指控他是无神论者。③ 如果将无神论定义为不以超自然因素解释自然世界的思想，或者定义为否认正统宗教及其崇拜方式的思想，那么，上述两种类型的思想都可以被看成是无神论。但是，这些思想家自己并未否认神的存在，并未承认自己是无神论者。伊壁鸠鲁虽然否认主宰一切的命运，但他肯定对“神圣的信仰”。④ 苏格拉底赋予神以崇高的道德内涵，虽然他并不认同通行宗教崇拜神的方式。⑤ 按照自然因素

---

① 第欧根尼·拉尔修：《名哲言行录》，马永翔等译，吉林人民出版社 2003 年版，第 91 页；汪子嵩，范明生，陈存富，姚介厚：《希腊哲学史（一）》，人民出版社 1988 年版，第 876 页。

② Sedley, David: *From the Pre-Socrates to the Hellenistic Age*. In Bullivant, Stephenand Ruse, Michael (eds.), *The Oxford Handbook of Atheism*, Oxford University Press, 2014: pp109~119.

③ Sedley, David: *From the Pre-Socrates to the Hellenistic Age*. In Bullivant, Stephen and Ruse, Michael (eds.), *The Oxford Handbook of Atheism*, Oxford University Press, 2014: pp109~19, 114~115.

④ 第欧根尼·拉尔修：《名哲言行录》，马永翔等译，吉林人民出版社 2003 年版，第 91，693~694 页。

⑤ A. E. 泰勒，T. H. 龚珀茨：《苏格拉底传》，赵继诠、李真译，商务印书馆 1999 年版，第 82~110 页。

解释世界的人，可能同时肯定神的存在；不遵循正统宗教的人，可能有自己崇拜神的方式。

由于古希腊罗马的宗教常常拥有不可侵犯的权威，当时的所谓无神论主要是某种宗教立场的想象和指控。许多所谓无神论思想，其实就是指控者对这种思想罪名的内容的想象。[①] 作为思想罪名的无神论可以分为三种：①否认存在任何意义的神，柏拉图在其《法篇》中设想了这种无神论观点。[②] ②否认特定的神有特殊的权威是较为常见的无神论。许多宗教都否认对方崇拜的神是真神，例如，罗马的多神国教曾经指责基督教为无神论，基督教也指责其他宗教为无神论。③不按照特定方式崇拜特定的神也是常见的无神论。某种宗教的特定宗派，或者某种宗派的特定个人，如果不按通行方式崇拜神，便可能被指责为无神论。当时所谓无神论主要反映了各种宗教、宗派与个人思想之间排他性的纷争。这种纷争因为基督教成为罗马帝国国教而暂告结束。基督教按照“因信称义”（Righteousness though faith）的要求，以信仰为决定是非的权威。自此到中世纪末期，无神论主要是基督教以一神信仰为基础对异己、异端、异教徒和不信教者思想的想象和指控[③]。

---

① Sedley, David: *From the Pre-Socrates to the Hellenistic Age.* In Bullivant, Stephen and Ruse, Michael (eds.), *The Oxford Handbook of Atheism*, Oxford University Press, 2014: pp109~119.

② Sedley, David: *From the Pre-Socrates to the Hellenistic Age.* In Bullivant, Stephen and Ruse, Michael (eds.), *The Oxford Handbook of Atheism*, Oxford University Press, 2014: pp109~119.

③ A. E. 泰勒，T. H. 龚珀茨：《苏格拉底传》，赵继诠、李真译，商务印书馆 1999 年版，第 119 页；Weltecke, Dorothea: *The Medieval Period.* In Bullivant, Stephen and Ruse, Michael (eds.), *The Oxford Handbook of Atheism*, Oxford University Press, 2014: pp137~438.

二、从文艺复兴到 20 世纪初：作为明确主张的无神论

现代早期，情况与此前差不多，无神论的角色仍然是一种思想罪名。但是，没有证据表明他们承认自己为无神论者，或者否定了神的存在。[①] 恰恰相反，他们常常指控他人为无神论者。例如，文艺复兴的代表人物伊拉斯谟便被一位人文主义者多勒指责为无神论者，而拉伯雷在给伊拉斯谟的信中，则指责另一位人文主义者为无神论者。[②] 许多宣扬和推动科学的人物都曾受到教会惩罚，甚至被指控为无神论者，因为他们以科学解释教会用神学解释的东西。[③] 但是，同样没有证据表明他们否定神的存在，或者是以无神论否认自己的宗教。[④] 宗教改革改变了西方信仰统一的状况。罗马天主教分裂出了路德宗、加尔文宗等新教宗派。这些宗派相互批评，指责对方没有信仰真正的上帝，或者至少没有真正按照耶稣的方式信仰上帝，他们甚至因此指控对方是一种无神论。[⑤]

启蒙运动前后，作为个人、组织乃至国家明确主张的无神论思想陆续出现，开始与有神论权威展开双向的论辩和斗争。启蒙运动的许多代表，狄德罗、霍尔巴赫、内戎等，都是可以确认的

---

① Robichaud, Denis J. : *Renaissance and Reformation*, In Bullivant, Stephen and Ruse, Michael (eds.): *The Oxford Handbook of Atheism*, Oxford University Press, 2014: pp141~453.

② Robichaud, Denis J. *Renaissance and Reformation*, In Bullivant, Stephen and Ruse, Michael (eds.): *The Oxford Handbook of Atheism*, Oxford University Press, 2014: pp141~453.

③ 任定成："科学元典的精神价值"，《光明日报》，2016 年 3 月 29 日，第 10 版。

④ Robichaud, Denis J. : *Renaissance and Reformation*, In Bullivant, Stephen and Ruse, Michael (eds.): *The Oxford Handbook of Atheism*, Oxford University Press, 2014: pp141~453.

⑤ Robichaud, Denis J. : *Renaissance and Reformation*, In Bullivant, Stephen and Ruse, Michael (eds.): *The Oxford Handbook of Atheism*, Oxford University Press, 2014: pp141~453.

明确否认神的存在的无神论者。① 不过，启蒙运动开始后，无神论逐渐不再限于个人或群体对神的存在的否定，而是发展出了独立于宗教的价值体系。尼采断言“上帝死了”②，不是仅仅说“上帝”不再存在，他提出“重估一切价值”，是希望在没有“上帝”的情况下重新确立人类价值的根基。当马克思指出，“共产主义是径直从无神论开始的”，“而无神论最初还根本不是共产主义”③时，他就不仅仅断言共产主义否认神的存在，更是宣称共产主义是在没有神的情况下创造美好社会的社会理想。他的无神论思想成为马克思主义政党的明确主张，在20世纪成为影响世界许多国家的意识形态。自此，无神论成了明确的主张，完全颠倒了它作为被他人指责的思想罪名的角色。

20世纪以来，已经很少有人把无神论作为思想罪名加于他人之身。韦伯将现代各个学科、行业、领域与神的因素的分离称为除魅。他指出，现代性是除魅的进程，即各种学科、行业和领域都开始遵循自身的原则，去除神秘和终极的因素。④ 在古代以及现代早期，这种除魅会被指控为无神论。但是，随着除魅的进程成为世界的主流，西方正统宗教逐渐接受了社会与信仰分离的现实，改变了将这种倾向公开指控为无神论的习气，除魅现象被视为宗教衰落的重要表征。韦伯指出，对许多现代人来说，神的因

---

① Kors, Alan Charles: The Age of Enlightenment, In Bullivant, Stephen and Ruse Michael (eds.): *The Oxford Handbook of Atheism*, Oxford University Press, 2014: pp155~168.

② 尼采：《快乐的科学》，黄明嘉译，华东师范大学出版社2007年版，第191页。

③ 马克思：“1844年经济学哲学手稿”，中共中央马克思恩格斯列宁斯大林著作编译局译：《马克思恩格斯全集》（第3卷），人民出版社2002年版，第298页。

④ 马克斯·韦伯：《学术与政治》，冯克利译，生活·读书·新知三联书店1999年版，第48页。

素只是在“个人之间”、在“最小团体”中直接发挥着作用。[①]也许韦伯低估了宗教强大的社会影响，但后者的衰落显而易见。除了极端保守的宗教与教派，多数宗教在不同程度上容忍并适应了现代性进程。

三、20世纪以来：作为对话主题的无神论

20世纪以来，西方主流宗教和社会中的无神论开始成为不同信仰者对话的主题。

根据当代学者的追溯，20世纪初，西方主流宗教的一些机构和信徒便开始研究无神论。[②] 1962年，罗马天主教会召开了第二次梵蒂冈大公会议（Second Vatican Council），旨在改革罗马天主教会，适应现代社会。这次会议打开了变革的局面，罗马天主教会开始组织无神论问题的对话，在1969年召开了第一次国际无神论学术会议，3000多人参加，新任教皇保罗六世也亲自参与。[③]到21世纪初，有关无神论的研究和对话开始集中展开。[④] 2007年出版的综合性著作《剑桥无神论指南》便是在这一背景下出现的。该著作是对无神论历史和传统争议的总结。这一时期，有神

---

① 马克斯·韦伯：《学术与政治》，冯克利译，生活·读书·新知三联书店1999年版，第48页。

② Bullivant, Stephen and Lee, Lois: Interdisciplinary Studies of Nonreligion and Secularity: The State of the Union, *Journal of Contemporary Religion*, Vol. 27, No. 1, January 2012, pp20~23.

③ Bullivant, Stephen and Lee, Lois: Interdisciplinary Studies of Nonreligion and Secularity: The State of the Union, *Journal of Contemporary Religion*, Vol. 27, No. 1, January 2012, pp20-23.

④ Bullivant, Stephen and Lee, Lois: Interdisciplinary Studies of Nonreligion and Secularity: The State of the Union, *Journal of Contemporary Religion*, Vol. 27, No. 1, January 2012, pp20~23.

论者和无神论者共同考察无神论现象逐渐形成气候。2008 年剑桥和牛津的学者成立了无神论研究机构——非宗教与世俗现象研究网络（The Nonreligion and Secularity Research Network）。该机构于 2009 年在英国牛津组织召开了第二次无神论国际学术会议。这一机构的开创者之一、有神论者斯蒂芬·布利范特（Stephen Bullivan）与国际知名无神论者迈克尔·鲁斯（Michael Ruse）在 2013 年合作出版了《牛津无神论手册》（简称《手册》）[①]。该手册吸取了第二次无神论国际学术会议的许多意见，[②] 收入了五年来——也就是《剑桥无神论指南》出版以来——各种不同立场和背景的西方学者研究世界范围内无神论的最新成果。[③]

当代西方学者逐渐深入地就无神论问题进行对话，这种状况集中体现在了《剑桥无神论指南》和《牛津无神论手册》两部综合性著作之中。

四、神的信仰及其否定：《剑桥无神论指南》

《剑桥无神论指南》（简称《指南》）介绍了以西方为主的无神论历史、有关神是否存在的重要争议，以及与无神论相关的现象。它在无神论定义和主体内容上，明显局限于神的信仰与其

① Bullivant, Stephen and Lee, Lois: Interdisciplinary Studies of Nonreligion and Secularity: The State of the Union, *Journal of Contemporary Religion*, Vol. 27, No. 1, January 2012, pp20 ~ 23; Bulivant, Stephen: *Defining Atheism*, In Bullivant, Stephen and Ruse, Michael (eds.): *The Oxford Handbook of Atheism*, Oxford University Press, 2014, p744.

② Bullivant, Stephen and Lee, Lois: Interdisciplinary Studies of Nonreligion and Secularity: The State of the Union, *Journal of Contemporary Religion*, Vol. 27, No. 1, January 2012, pp20~23.

③ Bulivant, Stephen: *Defining Atheism*, In Bullivant, Stephen and Ruse, Michael (eds.): *The Oxford Handbook of Atheism*, Oxford University Press, 2014, pp3~8, p744.

否定之间的二元对立。不过，编者和作者都试图就无神论问题与持对立观点者展开对话。

该著作正文分为三个部分，收入了包括编者在内的18位当代西方学者的论述。

第一部3篇论述，梳理了无神论从古代至今的历史。前2篇文章叙述的是西方无神论的历史，第3篇文章概述全世界无神论。

第二部9篇论述，其中有1篇是对无神论的批判，其他都是对有神论的批判。持无神论立场的作者们分别从宇宙论、创世论、理性设计论、超自然主义、伦理自主、恶的问题、逻辑问题等方面批判神的存在的证明。反倒是威廉·克雷格（William Craig）为有神论辩护的文章，试图避开神是否存在的问题。

第三部6篇文章，从多个角度考察无神论与其他现象的关联。这些文章都是探讨无神论与有神论信仰在某种层面的二元对立。

编者对无神论的定义与此一致。编者在“导言”中以亚伯拉罕系宗教一神论为基点界定了有神论，据此区分了四种无神论：①广义积极无神论，即不信仰所有神的观念；②狭义积极无神论，即不信仰一神上帝的观念；③广义消极无神论，即缺乏对人格神的信仰的观念；④狭义消极无神论，即缺乏对一神上帝的信仰的观念。编者也以信仰与其否定的二元模式为基础界定了不可知论，认为不可知论与积极无神论不相容，但却蕴含了消极无神论，反之则不然。[①] 已经有学者指出，《指南》过度局限于传统无

---

① Bulivant, Stephen: *Defining Atheism*, In Bullivant, Stephen and Ruse, Michael (eds.): *The Oxford Handbook of Atheism*, Oxford University Press, 2014, p744, pp1~3.

神论的二元对立框架。[①]

《指南》的编者迈克尔·马丁（Michael Martin）是波士顿大学哲学教授，一位知名的无神论者。这部著作中的文章多数是论证无神论的合理性，只有克雷格的一篇文章是对无神论的反驳。这些反驳主要是针对西方历史上有关神存在的一些重要的证明，有的也回应了当代宗教哲学家对有神论的辩护，包括当代著名宗教哲学家普兰丁格（Alvin Carl Plantinga）对上帝存在的证明。虽然《指南》的编者和多数作者都持无神论立场，但他们并未将自己的立场作为对话的前提。[②] 作者们的首要专业背景分布在神学（2 位）、哲学（11 位）、历史学（1 位）、法学（1 位）、心理学（1 位）、社会学（1 位）和人类学（1 位）等领域。他们严格论证了自己的角度和立场，与有神论展开了公开的对话。

五、多元立场的《牛津无神论手册》

《手册》的编者与作者似乎有意避免有神论与无神论的二元对立框架，与《指南》相比，增加了对许多与无神论相关现象的探讨。但是，他们对无神论的定义，他们探讨这些现象的方式，仍然是神的信仰与其否定的二元对立。不过，《手册》是无神论者和有神论者合作主编的综合性著作，作者们的信仰立场与学术背景更为多样，对话的诉求更加明确。

《手册》正文分为七部，收录包括编者在内的 53 位当代西方

---

① Anthony J. Caroll: Book Review: The Cambridge Companion to Atheism. Edited by Michael Martin, *Heythrop Journal*, 2009, 50 (3): pp539～540.

② Maitzen, Stephen: Book Review: The Cambridge Companion to Atheism by Michael Martin, *Social Theory and Practice*, 2008, 34 (2), p293.

学者的46篇文章，其中5篇为多位作者的合著。

第一部8篇，探讨的是无神论的定义及有神论和无神论之间的论争。布利范特（Bulivant）在第一篇文章中论证了将消极无神论作为通用定义的合理性。在其后的几篇文章中，几位学者就无神论的证明或者否证提出了各自的论点。

第二部和第六部各有8篇和7篇文章，分别叙述了无神论从西方古代到现代的历史，以及无神论在现代各国与各种文化中的表现。《手册》对无神论历史的介绍比《指南》更加详尽，被认为是迄今有关西方无神论历史的最全和最新的研究①。在分别介绍世界各地无神论状况时，也介绍了印度和日本的无神论，但中国无神论的论述却没有纳入其中，这是一个遗憾。

第三部8篇文章，探讨了人文主义、存在主义、马克思主义、分析哲学等学术流派以及犹太教、佛教、耆那教和印度教等宗教中的无神论。

第四、第五和第七部各有4篇、7篇和4篇文章，分别探讨了无神论与自然科学、社会科学和艺术领域的关联。

《手册》用了大量篇幅考察无神论与人类生活各个方面的关联，以及无神论的客观影响。不过，作者们对这些流派、宗教、学科和领域中无神论的探讨，依据的都是其所谓消极无神论的定义，考察的基本上都是无神论与有神论的不同特征。各种具体的无神论和有神论之间更为丰富多元的差异和关联，《手册》没有深入探讨。

编者之一布利范特是一位信仰天主教的神学学者，无神论研

---

① Bulivant, Stephen: *Defining Atheism*, In Bullivant, Stephen and Ruse, Michael (eds.): *The Oxford Handbook of Atheism*, Oxford University Press, 2014, p744；尼采：《快乐的科学》，黄明嘉译，华东师范大学出版社2007年版。

究是其神学研究的组成部分。另一位编者鲁斯是一位知名无神论学者，直接参与了当代美国进化论与创世论之争。[①] 编者指出，《手册》的作者中有无神论者、有神论者，也有中立的学者。[②] 其中，多数文章处理的是无神论历史、思想形态及其现实关联的事实，如果这些事实有利于无神论或有神论，他们会表达出来。但是，多数文章只是在行文中表达了对无神论的支持或者反对。明确以支持无神论为主题的只有 2 篇（A. C. Grayling，Graham Oppy），明确以反对无神论为主题的只有 1 篇（T. J. Mawson）。与《指南》的作者相比，他们的研究背景更加多元。作者的首要专业背景，大略而言，除了神学（1 位）、哲学（14 位）、史学（2 位）、法学（2 位）、政治学（1 位）、心理学（6 位）、社会学（7 位）、人类学（2 位）、历史学（1 位）、古典学（1 位）、宗教学（5 位）、马克思主义研究（1 位）、犹太研究（1 位）、印度研究（1 位）、佛教研究（1 位）等人文社会科学领域之外，还有物理学（1 位）、医学（1 位）、科学史（1 位）等自然科学领域，以及音乐学（1 位）、艺术学（1 位）、文学（2 位）等艺术学科。编者致力于同等对待有关无神论的各种立场和角度。[③] 根据这种要求，收入的文章都需要按照“学术的”“严格的”方式考察无神论。[④] 尽管编者和作者们大多表达了自己的倾向，但他们未将

---

① 张增一：《创世论与进化论的世纪之争》，中山大学出版社 2006 年版，第 168～177 页。

② Bulivant，Stephen：*Defining Atheism*，In Bullivant，Stephen and Ruse，Michael (eds.)：*The Oxford Handbook of Atheism*，Oxford University Press，2014，p744.

③ Bulivant，Stephen：*Defining Atheism*，In Bullivant，Stephen and Ruse，Michael (eds.)：*The Oxford Handbook of Atheism*，Oxford University Press，2014，p744.

④ Bulivant，Stephen：*Defining Atheism*，In Bullivant，Stephen and Ruse，Michael (eds.)：*The Oxford Handbook of Atheism*，Oxford University Press，2014，p744.

自己的倾向作为对话的前提。编者明确指出，他们并未要求统一的价值中立，其中收入的批判和辩护无神论的文章都不是中立的立场，都有各自的价值取向。①《手册》不是简单地汇集各种立场的观念，也未局限于对无神论价值中立的研究，而是严肃地推进了无神论者和有神论者的对话。

六、结语：有待拓展的无神论对话国际空间

无神论在西方历史上的角色变迁，经历了从古希腊到中世纪的对思想异端者的指控，文艺复兴以来旗帜鲜明地与有神论斗争的明确立场，再到20世纪以来的对话主题的过程。从总的历史趋势来看，无神论从被动到主动，逐渐扭转了其相对劣势地位，同时，有神论的绝对优势地位逐步受到挑战，但二者之间并没有形成某方绝对胜利的局面，无神论与有神论之争将会是长期的。当代无神论和有神论开始以理性和客观的态度对待对方，并且展开了对话。但到目前为止，这种对话仍然主要局限于西方文化之内。关于无神论的对话需要开启更多的话题，也需要有来自包括中国在内的各种文化背景的学者参与其中，中国无神论研究者也需要主动关注世界性的对话并投入其中。

---

① Bulivant, Stephen: *Defining Atheism*, In Bullivant, Stephen and Ruse, Michael (eds.): *The Oxford Handbook of Atheism*, Oxford University Press, 2014, p744.

《共产党宣言》“基本思想”新解

《共产党宣言》所谓“阶级斗争”，既是指被统治阶级的抗争行为，也是指统治阶级的统治行为，更是具体指称特定生产力与生产关系中产生、演化和终结的阶级对立状况；《共产党宣言》视为无产阶级解放“首要条件”的不仅有谋求解放的抗争，更有无产阶级内部或外部的联合，其对强力抗争的肯定依据的是以每个人自由发展为一切人自由发展条件的自由联合原则。因此，《共产党宣言》“基本思想”可以按照恩格斯的说法概括为“无产阶级解放的条件的学说”，其中，阶级斗争学说是关于前共产主义社会阶级对立状况的一般原理，而有关“条件”的物质条件原则，与有关“解放”的自由联合原则，是理解和判定阶级对立如何终结、无产阶级乃至人类如何解放的条件的更为一般的原理。

一

马克思与恩格斯的《共产党宣言》（以下简称《宣言》），是迄今为止人类历史上影响最为深远的著作之一，是无产阶级解放运动最为重要的文献之一，其诞生之初便是作为无产阶级解放运动的一个“理论和实践”纲领。① 恩格斯曾对《宣言》的“基本思想”进行过总结。他在有生之年便已经见到，通过《宣言》的撰写与传播等一系列理论与实践，他们使其中的“基本思想”成为无产阶级解放运动广泛接受的“理论”。②

恩格斯在《共产党宣言·1883年德文版序言》中总结了“贯穿《宣言》的基本思想”。他说：

> 每一历史时代的经济生产以及必然由此产生的社会结构，是该时代政治的和精神的历史的基础（Grundlage）；因此（从原始土地公有制解体以来）全部历史都是阶级斗争（Klassenkämpfen）的历史，即社会发展各个阶段上被剥削阶级和剥削阶级之间、被统治阶级和统治阶级之间斗争的历史；而这个斗争现在已经达到这样一个阶段，即被剥削被压迫的阶级（无产阶级），如果不同时使整个社会永远摆脱剥削、压迫和阶级斗争，就不再能使自己从剥削它压迫它的那个阶级（资产阶级）下解放（befreien）出来。③

① 《共产党宣言·1883年德文版序言》，人民出版社2018年版，第7页。
② 《共产党宣言·1890年德文版序言》，人民出版社2018年版，第19页。
③ 《共产党宣言·1883年德文版序言》，人民出版社2018年版，第7页。

该思想后被表述为“唯物史观”三个层面的原理。按照高放的表述，这三个原理是：第一，社会存在决定社会意识，经济基础决定上层建筑；第二，阶级斗争是阶级社会历史发展的动力；第三，到了资本主义社会，阶级斗争已发展到非由无产阶级来消灭阶级、实现无阶级的共产主义社会不可。[①]。

马克思和恩格斯在1872年德文版序言中说，《宣言》阐述的“一般原理（allgemeinen Grundsätze）”依然“完全正确”，但这些原理的“实际运用”，要依“当时的历史条件（Umständen）”[②] 为转移。“一般原理”与具体“条件”下“实际运用”的区分，成为解读《宣言》颇为通行的模式。《宣言》的“基本思想”常被整体作为“一般原理”，“实际运用”到无产阶级解放运动中。但是，一旦要在该“基本思想”的三个层面之间进行细分，孰为更为一般的原理或者《宣言》的核心原理，孰为与此相对的“实际运用”，便是意见纷纭的事情了。虽然“阶级斗争学说”“解放和发展生产力的学说”“人自由而全面发展的学说”等的解读，往往在各自的角度并不拒绝将唯物史观整体作为“一般原理”，却多根据不同的理论判断与实践选择对此进行不同的解读。

当革命斗争成为判定无产阶级解放及其条件的决定因素，《宣言》“基本思想”的第二个层面便常常被视为核心原理。普列汉诺夫以“阶级斗争学说的最初阶段”为《宣言》俄文版序言的

---

① 高放：“《共产党宣言》的基本思想是什么？”，《教学与研究》，1964年第4期。

② 《共产党宣言·1872年德文版序言》，人民出版社2018年版，第3页；Karl Marx & Friedrich Engels, Marx Engels Werke（MEW），Band 4（Mai 1846 – März 1848），Berlin: Dietz Verlag，1977，p573.

标题,[1] 以“阶级斗争学说”概括恩格斯总结的“基本思想”。[2] 列宁以“阶级斗争理论”为马克思主义的“指导性思想”。[3] 毛泽东也将《宣言》的核心理解为“阶级斗争”。[4] 普列汉诺夫等强调《宣言》的阶级斗争思想有其特定“历史条件”的考虑。按照革命斗争的诉求，他认为，如果向无产阶级宣扬和平解放，便误导了他们对资本主义性质的认识，在无产阶级解放的路上增加曲折和痛苦。[5] 可见，普列汉诺夫所谓阶级斗争，主要是指与和平行动相对的被统治阶级的暴力解放行动，这是极端条件下“实际运用”的一种极端策略。尽管如此，他仍然将阶级斗争学说视为《宣言》“基本思想”的概括，也就是将其视为《宣言》的核心原理。他们的解读适应了革命斗争的解放诉求及其历史条件。但是，时至今日，国内外仍有许多马克思主义的研究者将如此理解的阶级斗争学说视为《宣言》的核心原理。[6]

中国改革开放以来，有鉴于以阶级斗争为纲造成的经济基础与上层建筑各个层面的混乱与虚无，无产阶级解放运动转入

① 普列汉诺夫：“阶级斗争学说的最初阶段”（《共产党宣言》俄文第二版序言），《普列汉诺夫哲学著作选集》（第2卷），载柳明译，生活·读书·新知三联书店出版社1961年版，第515页。

② 普列汉诺夫：“阶级斗争学说的最初阶段”（《共产党宣言》俄文第二版序言），《普列汉诺夫哲学著作选集》（第2卷），载柳明译，生活·读书·新知三联书店出版社，1961年版，第568~569页。

③ 《列宁选集》（第2卷），人民出版社1995年版，第426页。

④ 《毛泽东农村调查文集》，人民出版社1982年版，第22页。

⑤ 普列汉诺夫：“阶级斗争学说的最初阶段”（《共产党宣言》俄文第二版序言），《普列汉诺夫哲学著作选集》第2卷，载柳明译，生活·读书·新知三联书店出版社1961年版，第562页。

⑥ 严书翰：“《共产党宣言》的精神真谛是中国共产党人的政治基因——纪念《共产党宣言》发表170周年和马克思诞辰200周年”，《中共福建省委党校学报》，2018年第4期。

了新的历程。在新的历史情境下，《宣言》“基本思想”各个层面重新得到了重视，特别是第一个层面，而多种多样的解读也纷至沓来。邓小平指出，社会主义的本质是解放生产力，发展生产力，消灭剥削，消除两极分化，最终达到共同富裕。[①]高放等学者据此重新解读《宣言》。他说，改革开放以实现社会主义现代化为目标，是坚持并发展了《宣言》中以生产力作为社会首要基础的基本思想。[②] 但是，生产力发展与经济状况的改善毕竟是为无产阶级解放提供物质条件，它本身还不是无产阶级解放的全部。高放进而指出，《共产党宣言》表述得很明确，“每一个人的自由解放才是马克思主义、科学社会主义的终极目标”。针对时下各种不同的解读，他指出，阶级斗争、夺取政权、消灭私有制、建立公有制、与传统观念作彻底决裂等等被视为《宣言》一般原理的，其实都是路径和手段，如果以此为《宣言》的根本原则，便忽略了共产党人奋斗的最终目标”[③]。不过，许多学者对此提出质疑。黄枬森认为，唯物史观表达的社会存在决定社会意识的原则才是更高的原则，而自由发展原则只是《宣言》的价值观或价值取向。[④] 郝贵生、史家亮等学者则主张，从阶级斗争视角和自由发展等视角解读《宣言》都有其合理性，肯定一个而否定另一个都不

---

① 《邓小平文选》（第 3 卷），人民出版社 1993 年版，第 373 页。

② 高放：“坚持并发展《共产党宣言》的基本思想”，《理论学刊》，1988 年第 3 期。

③ 高放：“《共产党宣言》当代解读”，《理论探讨》，2008 年第 11 期。

④ 黄枬森：“马克思恩格斯关于人的思想”，《理论视野》，2008 年第 7 期。

符合马克思主义的本义。①

问题在于，无论是在《宣言》“基本思想”的各个层面之间选择一个作为核心原理，还是调和它们之间的关系，这种选择与调和是否有一定的原则依据？如果有，这些原则是什么？《宣言》一般原理的解读与运用需要依据一定的“历史条件”，这些历史条件的判定往往被视为《宣言》之外的情况，毕竟，“当时的历史条件”似乎总是有待于具体历史条件下具体的判定。但是，有关历史条件的具体判定到底是随机的，还是有一般原则的依据，对这一问题的忽视造成了一种奇特的现象：虽然“无产阶级解放的条件的学说”成为当下广泛接受的共产主义或马克思主义的定义，但这一定义往往本身就被视为一般原理，而关于其实际运用的历史条件的判定，被默认存在于这一原理之外。也就是说，对这一有关“条件”的学说的解读与运用，反而只能另寻条件，另寻一般原则。迄今为止，解读者各自选择解读《宣言》一般原理的历史条件，《宣言》基本思想本身作为关于条件的学说这一面向有待得到更多的关注。

马克思和恩格斯在《共产党宣言》出版后的许多年里，都曾称之为《共产主义宣言》。而《宣言》的主题就是共产主义，这是毫无疑问的。1847 年，恩格斯在《宣言》的准备材料《共产主义信条草案》中曾界定，共产主义“是关于奴隶、农奴或手工业者不可能实现而只有无产者才可能实现的那种解放的学说”②。

① 郝贵生：“如何认识《共产党宣言》的核心思想”，《马克思主义研究》，2013 年第 11 期；史家亮：“为了一切人的自由发展：《共产党宣言》基本精神的深层解读”，《河南师范大学学报》，2006 年第 1 期。

② 《共产党宣言·1883 年德文版序言》，人民出版社 2018 年版，第 73 页。

继而，在另一份准备材料《共产主义原理》中，他把对共产主义的界定简化为“关于无产阶级解放的条件的学说（die Lehre von den Bedingungen der Befreiung des Proletariats）”[①]。既然《宣言》的主题是如此界定的，那么，其“基本思想”应该就可以概括为关于无产阶级解放及其条件[②]的一般原理。从这一界定出发，可以回归马克思和恩格斯本有的有关“条件”的思路，解读《宣言》的“基本思想”及其各个层面之间的关系。

二

恩格斯在1888年英文版序言中对1883年德文版序言提出的“基本思想”重新进行了表述，其中一个显著的修改，是在有关经济基础的原理后加了“只有从这一基础出发，这一历史才能得到说明”。[③] 马克思1859年在《政治经济学批判·序言》中对唯物史观的方法论意义进行了总结，表达了一种物质条件原则，即根据其物质条件考察和理解包括政治、法律在内的上层建筑，而不是孤立地理解。[④] 既然《宣言》有关政治、法律等上层建筑的主题主要是阶级斗争，那么，该原则便意味着，不能孤立地理解

---

① Karl Marx & Friedrich Engels, Marx Engels Werke（MEW）, Band 4（Mai 1846-März 1848）, Berlin: Dietz Verlag, 1977, p363.

② 虽然马克思和恩格斯在1872年德文版序言中提到“一般原理”和“历史条件”的时候，是用“Umstanden”而不是“Bedingung”一词表示“条件”，但是，《宣言》中这两个概念并用的情况，“Umständen und Bedingunge”在中文版中是被翻译为“情况和条件”，在1888年英文版中被译为“circumstances and conditions”。因而，更为宽泛的表示各种意义上的“条件”的概念是“Bedingung”。少数地方也有用Voraussetzungen表示无产阶级解放的“条件”，但一般情况下都是用“Bedingung”表示。恩格斯校订并加注的1888年英文版将这些词都翻译为“condition”。以“条件”翻译这些词不仅与马克思和恩格斯本有的用法一致，更有助于融贯地理解他们有关“条件”的学说。

③ 《共产党宣言·1888年英文版序言》，人民出版社2018年版，第12页。

④ 《马克思恩格斯文集》，人民出版社2009年版，第592页。

阶级斗争现象，而应从其物质条件出发进行考察。

德语中的 kampf 一词，与其法语翻译 lutter、英语翻译 struggle 一样，除了“斗争”的意思之外，也有争取、争夺、竞争、抗争以及奋争的含义，有时也用来指争辩、论争，或者内心的思想斗争，意义颇为广泛，多是中文的“斗争”一词所没有的。《宣言》中 kampf 多指阶级的抗争、斗争、奋争，有时也有“争取”“争得”物质条件或权力的意思。有学者指出，《宣言》在中国的译介历程体现出，kampf 的译词经历了从最初的“阶级竞争”，到陈望道译的“阶级争斗”，再到如今的“阶级斗争”的变迁过程，译词呈现表达“尖锐化”的趋势。① 普列汉诺夫“阶级斗争学说”将《宣言》所说“阶级斗争”单一地理解为作为解放行为的暴力斗争，是这种倾向的先例。

但是，就物质条件原则来说，《宣言》中被译为“阶级斗争”的 klassenkampf 并不仅仅是单一阶级的自我解放行为，更不仅仅是极端状况下的暴力行为，而是可以分为三种类型：作为被压迫阶级抗争行为的阶级抗争，作为压迫阶级压迫行为的阶级奋争，与作为压迫阶级与被压迫阶级之间对立状况的阶级斗争。

第一、二种类型是指被压迫阶级或压迫阶级针对对方的单向行为。通常所谓“阶级斗争学说”所指并且肯定的阶级斗争，多属于第一种类型的阶级斗争。例如，《宣言》说，工人“斗争(kämpfe)② 的真正成果并不是直接取得的成功，而是工人的越来

① 参见陈力卫：“让语言更革命——《共产党宣言》的翻译版本与译词的尖锐化”，载孙江主编：《新史学》（第二卷），中华书局 2008 年版。转引自方红：《〈共产党宣言〉陈望道译本考》，辽宁人民出版社 2019 年版，第 38 页。

② Marx, Karl und Engels, Frederick, Marx und Engels Werke, Band 4 (Mai 1846 - März 1848). Berlin: Dietz Verlag, 1977, p471.

越扩大的联合"[①]，即是以斗争为无产阶级取得阶级联合的抗争行为。《宣言》通常肯定这种阶级抗争及其解放价值。历史上各种被压迫阶级反抗压迫阶级的抗争多属于这一类型。资产阶级在一定时期的抗争也是如此。《宣言》提到的资产阶级在封建社会反对封建贵族的"斗争"[②]，是资产阶级作为被压迫阶级的抗争行为。而在资产阶级逐步成为统治阶级的过程中，其"斗争"(kämpfe)[③] 既有针对封建统治阶级的抗争行为，也有针对无产阶级的压迫行为[④]。通常情况下，被统治阶级的抗争行为与统治阶级的统治行为分别是被《宣言》予以肯定和否定的行为。不过，这并非普遍的规则。例如，资产阶级取得统治地位后对残余封建贵族的统治，是值得肯定的，而封建贵族恢复封建制度的反抗行为，即便假借社会主义之名，也是不被肯定的行为。

第三种阶级斗争将前两种包含在自身之中，但不是二者的简单相加，它是作为两种单向行为条件的阶级对立关系。《宣言》说："至今的一切社会都是建立在压迫阶级和被压迫阶级的对立(dem Gegensatz unterdrückender und unterdrückter Klassen)[⑤] 之上的"[⑥]，此所谓阶级对立便是这第三类型。其中包括了压迫阶级针对被压迫阶级的压迫行为，也包括了被压迫阶级针对压迫阶级的抗争行为。这种对立问题的产生、演化和终结，不是两种单向行

---

① 《共产党宣言》，人民出版社 2018 年版，第 36 页。

② 《共产党宣言》，人民出版社 2018 年版，第 37 页。

③ Marx, Karl und Engels, Frederick, Marx und Engels Werke, Band 4 (Mai 1846 - März 1848). Berlin: Dietz Verlag, 1977, p471.

④ 《共产党宣言》，人民出版社 2018 年版，第 37 页。

⑤ Marx, Karl und Engels, Frederick, Marx und Engels Werke, Band 4 (Mai 1846 - März 1848). Berlin: Dietz Verlag, 1977, p473.

⑥ 《共产党宣言》，人民出版社 2018 年版，第 39 页。

为胜负的直接结果，而是一定的生产力物质条件导致的。《宣言》对此同样不是持价值中立的态度，但也不是肯定与否定的简单复合。就其中包含作为抗争行为的阶级斗争而言，阶级对立是可以被肯定的；就其中包含压迫被压迫阶级的阶级斗争而言，阶级对立是可以被否定的。更为复杂的是，当相对高级的社会的阶级对立代替相对低级的社会的阶级对立，前者便有相对于后者的进步意义，因为前者比后者更加促进生产力的发展。在阶级社会，一种阶级对立关系发展到一定程度，不再适应发展了的生产力，这一阶级对立基础上的社会关系将崩溃，产生新的阶级关系，阶段性地解放和发展生产力。[①]《宣言》"基本思想"的第二个层面，即是以这一类型的阶级斗争（对立）概括被压迫阶级与压迫阶级对立关系产生、演化和终结的人类历史。

马克思在《哲学的贫困》等著作中指出，如果仅仅取消矛盾的一方而保存另一方，不但不能解决矛盾，反而掩盖并且保存了造成矛盾的条件。[②] 作为抗争或压迫行为的阶级斗争本身就是阶级对立问题的体现。这意味着，消灭阶级对立关系的目标，不能仅仅通过一方战胜并统治另一方的单向行为实现。阶级对立的产生、演化和终结，并不是一个抽象的辩证过程，而是受可实证的物质条件决定。[③] 马克思在《政治经济学批判·序言》中提出"两个绝不会"，他和恩格斯在《宣言》中提出"两个必然"，可以说都是按照物质条件原则理解社会变革。如果仅仅就阶级对立关系本身做出类似的判断，便很难解释：既然包括资本主义在内

① 《共产党宣言》，人民出版社 2018 年版，第 37~38 页。
② 《马克思恩格斯全集》（第 10 卷），人民出版社 1998 年版，第 604~605 页。
③ 《马克思恩格斯文集》，人民出版社 2009 年版，第 592 页。

的过去一切社会有如此严重的阶级对立，为什么人类没有灭绝，反而取得了发展，并为阶级对立现象的终结准备了条件？阶级对立关系作为一种特殊的人与人之间的关系，是生产力有限条件下人类解决生产力与生产关系矛盾的一种方式。当生产力极大发展的时候，牺牲一部分人、使其成为被压迫者的方式如果继续存在，不但发展生产力的潜力越来越走向负面，生产力本身也将因阶级对立而持续损耗乃至被破坏。单向的阶级斗争的意义在于，它将使无产阶级获得权力进行统治，以根据解放和发展生产力的要求，构建新的生产关系。而这意味着，无产阶级对权力秩序和生产关系的改造，理论上要以是否促进生产力发展为标准，实践上要接受生产力与经济发展结果的检验。

因此，当《宣言》中说道，共产党人的“理论原理”，“不过是现在的阶级斗争、我们眼前的历史运动的真实关系的一般表述”，[1] 如果将这一原理孤立地理解为阶级斗争历史的总结，忽视了“历史运动的真实关系”，便是断章取义。《宣言》是在其“历史运动的真实关系”，即其物质条件中理解阶级斗争现象。

三

高放曾在 1964 年撰文指出，《宣言》指明了无产阶级革命战争的必然性，并且公开声言，共产党人的“目的只有用暴力推翻全部现存的社会制度才能达到”。他认为，这就表明，《宣言》认定暴力革命是无产阶级革命的普遍规律。[2] 但是，如果无产阶级

① 《共产党宣言》，人民出版社 2018 年版，第 41~42 页。

② 高放：“《共产党宣言》的基本思想是什么?”，《教学与研究》，1964 年第 4 期。

只要通过某种方式取得政权，便拥有改造生产关系从而解放和发展生产力的权力，那么，为什么《宣言》似乎是无可否认地肯定作为解放行为的“暴力”斗争？

在德语中，Gewalt 也是一个意义宽泛的词，除了人事中的暴力、武力，自然现象的力量之外，一般所谓权力、强力都在其意义范围内。《宣言》中文今译本有两处翻译为“暴力推翻”。除了《宣言》篇末“用暴力推翻（durch den gewaltsamen Umsturz[①]）全部现存的社会制度”[②]，篇中还有“用暴力推翻（durch den gewaltsamen Sturz[③]）资产阶级而建立自己的统治”[④]。前者用了 Umsturz 而不是 Sturz，意为不仅仅打破，更是要颠覆。后者是打破资产阶级的统治，这是可以用武力做到的。至于“全部社会制度”，涉及社会各个层面的变革，却不是简单的武力行动能够实现的。恩格斯修订的英译本即将前者翻译为 the violent overthrow[⑤]，而后者翻译为 the forcible overthrow[⑥]。《宣言》也指出，无产阶级不仅需要通过 Gewalt 成为统治阶级，在革命成功之后，还要以统治阶级的资格、用强制性的方式消灭旧的生产关系。[⑦] 而《宣言》列出的措施包括运用国家权力推行经济政策和兴办教育等等。可

① Marx, Karl und Engels, Frederick, Marx und Engels Werke, Band 4 (Mai 1846-März 1848). Berlin: Dietz Verlag, 1977, p493.

② 《共产党宣言》，人民出版社 2018 年版，第 65 页。

③ Marx, Karl und Engels, Frederick, Marx und Engels Werke, Band 4 (Mai 1846-März 1848). Berlin: Dietz Verlag, 1977, p473.

④ 《共产党宣言》，人民出版社 2018 年版，第 39 页。

⑤ Marx, K., & Engels, F. Marx & Engels Collected Works Vol 06: Marx and Engels: 1845-1848. London: Lawrence & Wishart, 1976, p495.

⑥ Marx, K., & Engels, F. Marx & Engels Collected Works Vol 06: Marx and Engels: 1845-1848. London: Lawrence & Wishart, 1976, p519。

⑦ 《共产党宣言》，人民出版社 2018 年版，第 49~50 页。

见，《宣言》所谓 Gewalt 不一定是与和平相对的武力，被翻译为“暴力推翻”的 durch Gewalt 也不只是通过被统治阶级的解放行为，而“推翻全部现有社会制度”并不限于推翻旧政权，更包括各项需要通过“和平”权力发挥作用的社会政策。

马克思在《资本论·第一版序言》中指出，工人阶级的发展程度决定了社会变革的过程是“采取较残酷的还是较人道的形式”，工人阶级越是发展，越是“能缩短和减轻分娩的痛苦”①。工人作为一个阶级越是充分发展，作为其发展条件的社会化大生产越是充分进步，和平的制度变革越是可能。资产阶级不可能放弃权力，这是由其阶级性质与利益决定的。但是，当生产力发展越充分，阶级对立的生产关系越会出现问题，无产阶级便越壮大，越便于以和平方式取得胜利。当然，这并不改变马克思主张诉诸强力并以之改造社会的事实。无论是马克思所谓的残酷和人道，还是普列汉诺夫所谓的暴力与和平，都是一种强力，都要追求推翻全部制度的变革。因此，《宣言》强调的 Gewalt 是较为广义的强力，其中包括但并不限于极端状况下的暴力。

在《宣言》中，与强力抗争构成有效相对关系的不是和平，而是联合。《宣言》提到，除了暴力斗争的行动之外，无产阶级解放（Befreiung）的另一个“首要条件”是“联合行动②（Vereinigte Aktion③）”。目前许多解读都将《宣言》所谓联合理解为政党、阶级之间的“联合”。的确，《宣言》提到“争取全世界的民主政

---

① 《马克思恩格斯文集》（第 5 卷），人民出版社 2009 年版，第 9~10 页。

② 《共产党宣言》，人民出版社 2018 年版，第 47 页。

③ Marx, Karl und Engels, Frederick, Marx und Engels Werke, Band 4（Mai 1846－März 1848）. Berlin: Dietz Verlag, 1977, p479.

党之间的团结和协调（Verbindung und Verständigung）。”[①] 但是，这种“联合”，相对于作为最近目的的阶级联合（Vereinigten）与作为最终目的的自由人联合（Assoziation），还只是相对外在的联合。《宣言》提出，“共产党人的最近目的是和其它一切无产阶级政党的最近目的一样的：使无产阶级[②]形成为阶级，推翻资产阶级的统治，由无产阶级夺取政权。”[③]《宣言》指出，如果无产阶级不能自主联合（Vereinigung[④]）并且主导内外的联合，那么便不能汇合出自觉的阶级斗争。当工人阶级没有自觉联合并且主导自身的联合的时候，他们还不能意识并且把握自己的阶级状况，不能真正对抗阶级压迫。[⑤] 恩格斯在1890年德文版序言中指出，《宣言》“全世界无产者，联合（vereinigt）起来”的号召，几十年后取得了成效，“全世界的无产者现在已经真正联合（vereinigt）起来了”[⑥]。《宣言》提出的无产阶级的最终理想，即“每个人的自由发展（freie Entwicklung）是一切人的自由发展的条件”的联合体，其实现的路径正是抗争中的联合，即无产阶级在反对资产阶级的斗争中“联合（vereint）为阶级”，成为统治阶级，运用权力改变生产关系，解放和发展生产力，从而“消灭了阶级对立和阶级本身的存在条件”。[⑦]

---

① 《共产党宣言》，人民出版社2018年版，第65页。

② Proletariat，在此语境下翻译为“无产者”才能与马克思、恩格斯认为无产者经由自主的联合才能成为自觉自主的无产阶级这一观点一致。

③ 《共产党宣言》，人民出版社2018年版，第41页。

④ Marx，Karl und Engels，Frederick，Marx und Engels Werke，Band 4（Mai 1846-März 1848）. Berlin：Dietz Verlag，1977，p470.

⑤ 《共产党宣言》，人民出版社2018年版，第36页。

⑥ 《共产党宣言》，人民出版社2018年版，第20页。

⑦ 《共产党宣言》，人民出版社2018年版，第50~51页。

问题在于，既然无产阶级的联合如此重要，为什么要肯定强力抗争，而不是直接诉求联合？是否仅仅因为对方联合起来进行强力压迫这一外在条件？的确，《宣言》开篇即指出了各种反动势力“联合”的情势。[①] 对此，《宣言》公开呼吁无产者的强力抗争。恩格斯在《共产主义原理》中也说，资产阶级对无产阶级进行强力压迫和统治，无产阶级不得不进行反抗。[②] 但是，对试图终结阶级对抗和政治暴力的共产主义来说，纯粹美化暴力本身无论如何是极大的误解。对强力抗争的肯定应该理解为一个可靠的价值判断，否则便会陷入常见的价值虚无主义。这一判断预设了这样的普遍规则：任何一个人、集体、阶级的自由发展受到侵犯，它都有权进行抗争。换言之，任何一个人、集体、阶级的自由发展都应当是这个社会所有人自由发展的条件。通常被视为共产主义社会理想的自由联合原则，也可以理解为《宣言》之所以肯定被压迫阶级强力抗争的价值根据。

人类从原始社会以来，没有一个时代的政治权力不是以阶级对立为条件，即都是以牺牲绝大部分人的自由发展为条件的。由于物质条件的限制，人类社会一直以来都没有能够不通过牺牲多数个人、集体和阶级的自由而取得发展。尽管如此，人类各个阶段的抗争都是需要肯定的。因为，没有争取自由发展的抗争，即便有联合，也只是不自由的联合，而不是自由的联合。要求被压迫阶级对自身状况无动于衷，为了所谓社会进步牺牲自己，不但不是自由的联合，反倒因为丧失了走向自由联合的趋势，丧失了被

① 《共产党宣言》，人民出版社 2018 年版，第 26 页。
② 《共产党宣言》，人民出版社 2018 年版，第 85 页。

压迫阶级的抗争对社会关系的改造，从而丧失了推动生产力与生产关系持续发展和改善的动力。只有在追求自由联合的意义上，阶级抗争才能说是社会进步的动力。

迄今为止的阶级抗争之所以不能够真正承担通过解放全人类实现自由联合的任务，是因为生产力发展一直不充分，一直没有能够为每一个人联合起来的自由发展提供生产力基础。无产阶级之所以能够提出和实现自由联合原则，不是因为这一原则到了这时才有效，而是因为生产力的发展将为实现这一原则提供物质条件。恩格斯在《共产主义原理》中指出，以阶级对立的生产关系推动生产力发展的模式，已经呈现出与解放和发展生产力的要求之间的矛盾。人类曾经因为生产力及其创造的物质条件的有限，不得不分化为压迫阶级和被压迫阶级，牺牲一部分人的自由发展而换取另一部分人的自由发展，从而推动生产力和社会的缓慢发展。到了资本主义晚期，生产力的高度发展提供了愈发充分的物质条件，使得牺牲一部分人自由发展的生产关系越来越没有存在的必要，而维持这种牺牲的阶级对立，逐渐成为生产力进一步发展的阻碍。[①] 以每一个人的自由联合取代阶级对立，将消除阶级对立对生产力进一步发展的阻碍，前所未有地解放和发展生产力。可以说，自由联合原则的实现，是生产力与物质条件发展的需要和结果，是人类摆脱一种阶级斗争代替另一种阶级斗争的"周期律"的方式。

因此，肯定阶级对立情况下的抗争，与肯定物质条件充足情况下的自由联合，依据的是同一个原则，即自由联合原

① 《共产党宣言》，人民出版社 2018 年版，第 89 页。

则。当《宣言》将共产主义之前的人类“史前史”表述为阶级斗争的历史，其实也是将其表述为人类通过以抗争取得联合的方式推动物质条件不断改善从而实现所有人自由联合的历史。

四

虽然目前关于《宣言》“基本思想”较为主流的意见是，《宣言》“最基本思想”是“关于生产力是一切社会发展最根本的决定力量的思想”[①]，但是，如何理解这一“根本”原理与其他原理的关系，是一个纠葛的问题。高放曾经指出，“我们党领会和运用《宣言》的历史经验可以划分为 3 个阶段”：在民主革命、阶级斗争、夺取政权的第一阶段，党完全正确运用了《宣言》原理；在进行社会主义革命与建设的第二阶段，基本上照搬苏联模式，实际上背离了《宣言》的基本原则；第三阶段是拨乱反正，正本清源，重新按照《宣言》的基本原则实行改革开放，取得了巨大的成就。[②] 但是，高放据以理解历史阶段的民主革命、社会主义革命、拨乱反正等标准即便正确，依据的是政治状况，而不是物质条件。它充当了“历史条件”的判定标准，并不违背唯物史观，甚至可以说是唯物史观的重要部分，但它毕竟不是唯物史观中有关生产力与经济发展的“最根本”的部分。如果以政治状况全然替代历史条件，风险在于，有关生产力与经济发展的理论与实践可能会在某些情况下被视为次要矛盾或者可以忽视的因

① 陶富源：《唯物史观在当代》，合肥工业大学出版社 2016 年版，第 194 页。

② 高放：“《共产党宣言》基本原则与中国特色社会主义”，《理论视野》，2008 年第 7 期。

素，从而导致将生产力和经济建设作为可以低估或者忽视的事情。这种判断及其导致的选择，不仅曾在生产力和经济发展方面带来严重的后果，也曾因为物质条件的恶化加深政治上的问题。

目前为止，自由联合基本上都是被表述为一种终极目标，而对这一目标的强调，多与基本思想的其他层面脱节，即，只是将它作为一个未来理想，在现实政治中并不发挥直接的作用。虽然对高放来说，自由联合是《宣言》的核心思想，但他的表述是："我们的奋斗目标是要达到每一个人的全面发展，每一个人的全面发展就是每一个人的自由解放。"[①] 这一看法其实是将自由联合视为未来的理想原则。黄枬森的批评是说，将自由原则作为"共产主义的最高指导原则"或者"最高原理"值得商榷，但他也认为"自由发展原则"是关于未来社会的一种价值取向。[②] 这些观点预设，在生产力并不发达的情况下，我们应该为上层建筑提供不同于自由联合的价值标准。在一定范围内，这是无可否认的。但是，如此理解的过去和未来之间可能出现鸿沟。因为，如果将与自由联合剥离的阶级斗争作为一般原理，便很难推出未来时代会突然以自由联合为价值原则，也很难证明这一原则会适应未来的生产力。此外，如果像一些学者认为的那样，自由联合没有了阶级斗争就是资产阶级的价值观，那么，未来自由联合取代阶级对立，同样没有了阶级斗争，共产主义时代的自由联合难道就成了资产阶级的东西？只要将自由联合原则作为肯定阶级抗争的价值基础，将历史视为人类以阶级抗争取得联合的方式不断趋向所

---

① 高放："《共产党宣言》当代解读"，《理论探讨》，2008 年第 11 期。

② 黄枬森："马克思恩格斯关于人的思想"，《理论视野》，2008 年第 7 期。

有人自由联合的进程，便不存在这样的鸿沟。关于未来生产关系与上层建筑的自由联合原则便不会是超前的空想，而是人类有史以来抗争与联合一般原理的总结。

可以说，阶级斗争学说是唯物史观与共产主义理想的一个基本运用，具体地说，它是物质条件原则与自由联合原则的一个基本运用。唯物史观意味着，以物质条件原则为基础，确定阶级对立产生、演化和终结的物质条件。共产主义理想意味着，以自由联合原则为准则，判定人类历史上阶级抗争的价值依据。对无产阶级解放运动来说，遵循唯物史观，追求共产主义理想，在任何情况下都意味着物质条件原则和自由联合原则必须是理解和判定抗争与联合的有效性与合理性的依据。更宽泛地说，这意味着，无论是革命还是建设时期，生产力与经济发展状况自始至终都应是检验相关理论和实践有效性的基本依据；是否在特定生产力与物质条件下争取人的自由发展，自始至终应该是检验相关理论和实践合理性的价值依据。这意味着，无论各个时期相关理论和实践的重点是什么，是何种意义的阶级斗争、夺取政权、消灭私有制、建立公有制或者所谓与传统观念做彻底决裂，其中的问题及其解决都不可能摆脱生产力与生产关系及其矛盾的限制，否则理论和实践都可能是不切实际的空想，甚至起反作用；其中的问题及其解决都不能没有自由联合原则的评判，否则理论和实践都可能是价值的淡漠，甚至陷入虚无。

如果说《宣言》的基本思想可以概括为“关于无产阶级的解放的条件的学说”，那么，这一学说的两个基本方面就是，关于

“条件”的物质条件原则，与关于“解放（自由）”① 的自由联合原则。物质条件原则和自由联合原则是关于共产主义及其史前史的一般原理，而阶级斗争学说是关于共产主义之前历史中阶级对立现象的一般原理。前两个原则并非可以孤立或者忽视的抽象原理，它们是理解和判定阶级抗争与联合的基本原则。无产者通过抗争取得联合的方式成为阶级，需要通过物质条件原则确保解放和发展生产力，通过自由联合原则保证行动与理想的一贯，由此才能在充分发展的物质条件的基础上，真正实现每一个人自由发展的共产主义理想。

① 在《宣言》及其准备材料中，“解放”与“自由”绝大多数都是 Befreiung 及其变体。无产阶级的解放即无产阶级的自由，而自由联合即解放联合。因此，无产者通过联合为阶级取得解放，与以自由联合为目的，在语义上比中文等其他语言译文中将解放和自由翻译成不同的概念的做法，更能表达阶级行动与最终理想在原则上的一致性。

马克思主义解决现实矛盾问题的实践矛盾思想

许多中国学者将目前为止的马克思主义矛盾思想的演化视为理论进化和创新的历程。也有许多国内外学者认为，中国改革开放的实践是对此前马克思主义或者马克思最初矛盾思想的背离。这两种观点往往预设：中国的改革开放与苏联专政体制和阶级斗争模式相比，是超出马克思原初视野的新实践。就马克思主义解决现实矛盾问题的实践诉求而言，中国的改革开放以先富与后富的差别模式推动生产力发展以实现共同富裕的道路，与高度集中的苏联专政体制和以阶级差别为基础的斗争模式相比，更加贴近马克思以物质实践为客观条件和以人的解放为主观诉求的实践矛盾思想的初衷。

矛盾思想在马克思主义实践传统中发挥了核心作用。许多学者都将马克思主义矛盾思想的演化视为理论创新的历程，新的实践被视为理论创新的新应用。[①] 也有不少学者将中国改革开放的实践与此前马克思主义或者马克思本人的矛盾思想对立起来，认为这是对此前理论的背离。[②] 这两种立场往往预设，中国的改革开放与苏联专政体制或阶级斗争模式相比，是超出马克思原初设想的新实践。不同在于，前者认为这是创新，后者认为这是背离。如果从马克思开启的解决现实矛盾问题的实践传统出发，考察马克思主义实践矛盾思想及其演化，情况便并非如此。

一、马克思：诊断和解决现实矛盾问题的实践及其主客观方向

马克思说："哲学家们只是用不同的方式解释世界，而问题在于改变世界。"[③] 他提出了理解和解决现实矛盾问题的实践矛盾思想。物质实践与人的解放是这种实践矛盾思想的两大方向。

首先，物质实践是马克思理解和解决现实矛盾的客观条件。马克思将矛盾问题从理论层面转向实践层面。他同意黑格尔的观点，认为矛盾有其现实的作用。但他不同意黑格尔及其后继者仅从思想层面解释矛盾。马克思批判某青年黑格尔派成员时说，他仍然在思辨的范围内解决矛盾问题。[④] 他认同费尔巴哈从唯物主

---

① 程凯："建国以来马克思主义中国化中的矛盾理论与实践"，《贵州社会科学》，2011 年第 5 期。

② Martin Hart-Landsberg：The Chinese Reform Experience，a Critical Assessment. *Review of Radical Political Economics*，2011，Vol. 43，No. 1. Martin Hart-Landsberg and Paul Burkett：*China and Socialism*：*Market Reforms and Class Struggle*，Monthly Review Press，2005.

③ 《马克思恩格斯全集》（第 3 卷），人民出版社 2002 年版，第 6 页。

④ 《马克思恩格斯全集》（第 3 卷），人民出版社 2002 年版，第 693 页。

义角度对黑格尔的批判。不过，这两种思想形态都是在思想的层面解释世界，未能把握实践及其中的矛盾。例如，马克思说，黑格尔试图在其思辨哲学中解决或“扬弃”的，并不是存在矛盾的现实的宗教和国家，而是已经成为知识的对象的宗教和国家。①黑格尔局限于解释世界，未能触及现实实践，陷入了与现实的对立。同样，一般唯物主义也未达到实践，其所谓的物质是知识化的物质。马克思理解的物质是与实践相关的物质。对马克思来说，从物质实践出发，现实矛盾才能真正得到理解和解决。

对马克思来说，解放和发展生产力是首要的物质实践。西方主流思想重视精神因素，贬低物质，将其视为自私和堕落的原因。以往的唯物主义则以物质的名义提出与主流思想对立的诉求。马克思则认为，物质条件的局限是现实矛盾的根源，物质条件的发展也是社会进步的条件。一般唯物主义在思想层面片面地解释世界，没有在实践中理解精神与物质的矛盾，更没有提出解决矛盾的实践方式。马克思从物质实践出发将精神和物质的关系理解为生产关系和生产力、上层建筑和经济基础的关系。生产关系以生产力为其物质条件，上层建筑以经济基础为其物质条件。②判断变革的时代不能以其意识为根据，对意识的解释反倒必须依据“物质生活的矛盾”，依据生产力和生产关系之间的现实矛盾。③ 在此基础上，马克思指出，人类解决现实矛盾的任务，只有在解决这一矛盾的物质条件已经成熟的时候才会产生。④

---

① 《马克思恩格斯全集》（第 3 卷），人民出版社 2002 年版，第 174 页。
② 《马克思恩格斯文集》（第 2 卷），人民出版社 2009 年版，页 591 页。
③ 《马克思恩格斯文集》（第 2 卷），人民出版社 2009 年版，页 592 页。
④ 《马克思恩格斯文集》（第 2 卷），人民出版社 2009 年版，页 592 页。

其次，人的解放是马克思理解和解决现实矛盾的主观诉求。马克思彻底解决矛盾的理想体现在这一方向。将矛盾的两个方面区分于不同层面的二分方法，是解决矛盾的典型方法。康德便是以二分法解决纯粹理性二律背反。它将矛盾的一方归入某一层面，将另一方归入另一层面，避免使其在同一层面对同一对象发生矛盾。在马克思看来，这种二分法在一定范围内有其作用，但不能彻底解决矛盾。马克思早期按照黑格尔批评康德的方式对某种二分法提出了批判。他说，将矛盾的两个方面分配在主观和客观两个世界，“矛盾似乎就被消除了”，其实，主观世界和客观世界只是“自我意识”范围内的两个部分，矛盾仍然存在于自我意识中。[①] 虽然马克思之后拒绝了黑格尔的唯心主义，但仍然继承了其对二分法的批判。他与恩格斯在《共产党宣言》中将迄今为止的人类历史归结为阶级对立的历史。[②] 人类社会被分为对立的阶级，就是人类在特定物质条件下解决生产力与生产关系矛盾的二分方法。二分方法本身是有限的解决方法，但在特定物质条件下，有的二分优于另外的二分。资本主义以资产阶级和无产阶级的二分代替封建社会的阶级区分，适应了生产力的发展，推动了人的解放。但这种二分的作用有限，不能作为永恒的解决方式。政治经济学代表人物马尔萨斯曾为资本主义社会的阶级二分辩护。对他而言，为了维持资本主义生产方式，工人阶级的贫困是必要的，“脑满肠肥的僧侣和官吏”也必不可少。[③] 这种二分法将生产力的成果划给了统治阶级，将有限物质条件的重担划给了被

---

① 《马克思恩格斯全集》（第 1 卷），人民出版社 2002 年版，第 22 页。

② 《马克思恩格斯文集》（第 2 卷），人民出版社 2009 年版，第 31 页。

③ 《马克思恩格斯全集》（第 26 卷），人民出版社 1975 年版。

统治阶级，也是将无法调和的阶级矛盾留给了作为整体的人类社会。对马克思来说，彻底解决人类社会的矛盾，不能满足于特定阶级的解放，需以实现人的解放为目标。

《共产党宣言》提出了通过解决阶级矛盾实现人的解放的理想。马克思批判了几种典型的处理阶级矛盾的方式。第一，掩盖矛盾。例如，资产阶级为维护自身利益掩盖阶级矛盾，但随着阶级矛盾的加剧，这种掩盖不再可能。第二，逆转矛盾。例如，封建的和小资产阶级的社会主义美化封建的、小资产阶级的生产方式，以更加初级和严重的矛盾替代资本主义矛盾，也抹杀了资本主义带来的进步。第三，取消矛盾。例如，有些社会主义者希望通过减少乃至消除无产阶级解决阶级矛盾，但其实并未触动造成矛盾的生产关系。[①] 这些方式是以某种阶级差别为基础，仍然是维护了某种阶级利益的方案，不能从整体上解决人类社会的阶级矛盾。马克思和恩格斯解决资本主义矛盾的直接方式，是推动无产阶级运动。表面看来，无产阶级的阶级斗争与以前的阶级斗争一样，是以二分方法解决阶级矛盾。但是，他们认为，无产阶级解放与历史上任何阶级解放不同，它不是以一种阶级矛盾取代另一种阶级矛盾。[②] 资本主义前所未有地发展了生产力，人类社会被简化为资产阶级和无产阶级。随着生产力的发展，存在阶级矛盾的生产关系越来越成为生产力的束缚，人的解放越来越成为生产力继续发展的条件。随着生产力发展及其带来的物质条件的成熟，人的解放的理想将有可能成为现实。

---

① 《马克思恩格斯文集》（第 2 卷），人民出版社 2009 年版，第 54~64 页。

② 《马克思恩格斯文集》（第 2 卷），人民出版社 2009 年版，第 53。

马克思和恩格斯从实践出发，在物质实践和人的解放两个方向上诊断和解决现实矛盾。但是，正如马克思所说，人类只能提出自己能够解决的任务。[①] 恩格斯也曾指出，社会变革后将怎样，马克思并没有充分讨论。[②] 马克思主义者们需要根据具体的历史条件，在物质实践的方向上发挥生产力对解决现实矛盾的基础作用，在人的解放的方向上逐步终结以阶级二分解决人与人之间矛盾的历史。

二、列宁：实践矛盾思想在苏联体制中的展开

列宁及其后继者在苏俄国家建构和建设实践中提出了作为国家意识形态核心部分的矛盾思想体系。这种矛盾思想体系在苏联无产阶级专政政权的物质实践和人的解放两个方向有独特的体现。

马克思和恩格斯没有直接定义矛盾范畴，也没有提出完整的矛盾思想体系。列宁将矛盾概括为对立统一原理。[③] 他以这一原理作为辩证法的核心，解释思想、社会和自然世界。该原理是列宁理解现实矛盾问题的理论基础。马克思和恩格斯也未曾对如何建构和发展无产阶级政权提出具体方案。正如列宁所说的那样，马克思没有空想无产阶级专政，他只是确定他能确定的东西。[④] 列宁及其后继者根据其矛盾原理诊断和解决社会问题，其所建立的解决内外矛盾的苏联专政体制，在一定历史时期内是独一无二

① 《马克思恩格斯文集》（第 2 卷），人民出版社 2009 年版，第 592 页。
② 《马克思恩格斯全集》（第 21 卷），人民出版社 2003 年版，第 316 页。
③ 《列宁全集》（第 55 卷），人民出版社 1990 年版，第 305~306 页。
④ 《列宁专题文集．论马克思主义》，人民出版社 2009 年版，第 262 页。

的无产阶级专政模式。该体制的理论和实践曾是马克思主义的范例。[1]

对苏联来说，解放和发展生产力本来是尤为必要的。因为，按照马克思的观点，只有生产力充分发展，生产关系才能真正变革，但苏联是在生产力相对落后的情况下建立了无产阶级专政政权。为此，列宁在政权建立初期提出了过渡时期的经济政策。列宁认为，矛盾在社会主义社会并未消失。[2] 苏联的社会基本矛盾被诊断为先进的社会主义制度与落后的经济文化之间的矛盾。列宁为此提出新经济政策，综合利用国家资本主义和小商品经济等多种经济形式，推动经济发展。列宁的新经济政策对苏俄经济的恢复产生了积极影响，成为马克思主义经济政策的重要资源。[3] 斯大林时期，苏联计划经济体制取得了一定发展，国家计划的成功成为市场经济的一种替代方案，甚至资本主义国家都在一定程度上加以借鉴。[4] 但是，苏联单一的计划体制逐渐成为阻碍生产力发展的固定体制。1938 年，斯大林提出，社会主义生产关系与生产力"完全适应"。他认为，苏联不存在生产力破坏的情况，内部矛盾已经消失，只有外部矛盾存在。[5] 但事实是，这种体制并未以生产力的充分发展为前提，它对生产力发展的作用也极为

---

① Eric Hobsbawm: *The Age of Extremes*: *The Short Twentieth Century*, *1914 - 1991*, A bacus, 1995, p71.

② 《列宁全集》(第 60 卷), 人民出版社 1990 年版, 第 281 页。

③ 张彦: "列宁新经济政策思想———基于列宁 1921 年四个重要文本的分析", 《桂海论丛》, 2017 年第 4 期。

④ Eric Hobsbawm: *The Age of Extremes*: *The Short Twentieth Century*, *1914 - 1991*, A bacus, 1995, p84.

⑤ 斯大林:《斯大林选集》(下卷), 人民出版社 1979 年版, 第 445 页。

有限。[1] 1952年，斯大林不得不对问题有所纠正，指出社会主义社会的生产关系与生产力之间存在矛盾。但他认为，如果领导机关做出了正确的决策，这些矛盾不会变为冲突。[2] 在这种体制中，领导机关负责决策，下级机关带领群众负责生产。苏联最终崩溃的不是无产阶级和农民的关系，而是这种单一的官员与群众上下级体制。苏联直至解体都固守这种体制，没有成功地展开解放和发展生产力的物质实践，或者至少回归列宁式的新经济政策。[3]

列宁以非对抗性矛盾理解对内关系，以阶级矛盾为基础理解对外关系。列宁指出，对抗和矛盾并不相同。在社会主义社会，对抗会消失，但矛盾仍存在。[4] 列宁认为，对抗是阶级之间根本利益的冲突，社会主义制度建立后社会主要矛盾不再是对抗性矛盾，但矛盾会贯穿于人类社会发展的始终。不过，对外关系方面，阶级矛盾决定了列宁对国际关系的判断。据此，列宁提出了帝国主义理论。他认为，西方资本主义进入了垄断资本主义时期，垄断资本主义通过国家形成对世界的帝国主义统治。[5] 斯大林延续了列宁区分内外矛盾的方式。1925年，斯大林提出，苏联有内部与外部两种矛盾，无产阶级与农民间的矛盾，以及社会主

---

① Eric Hobsbawm: *The Age of Extremes: The Short Twentieth Century, 1914-1991*, A bacus, 1995, p539.

② 斯大林：《斯大林选集》(下卷)，人民出版社1979年版，第590页。

③ 靳书君："俄国史上关于列宁新经济政策的三次论争——兼论中国特色社会主义政治经济学的理论源头"，《兰州学刊》，2016年第9期。

④ 《列宁全集》(第60卷)，人民出版社1990年版，第282页。

⑤ 姜安："列宁'帝国主义论'：历史争论与当代评价"，《中国社会科学》，2014年第4期。

义国家与资本主义国家间的矛盾。[①] 他认为，可用协商与让步的方式解决内部矛盾；但只有通过无产阶级革命和阶级斗争，才能解决无产阶级专政和国内资本主义分子之间的外部的敌我矛盾。[②] 以无产阶级与农民的矛盾为国内主要矛盾的判断掩盖了最终崩溃的苏联体制本身的问题。根据马克思的矛盾观，由于生产力发展不足，苏联体制不可能消除社会差别。苏联单一的计划体制强化了各级官员与群众之间的差别。从斯大林开始，直到苏联及其领导的社会主义阵营解体，这种体制对内掩盖了官员与群众的矛盾，对外则强化了社会主义阵营和资本主义阵营之间的矛盾。苏联体制最终崩溃，未能成功地在人的解放的方向诊断和解决现实的矛盾。

列宁及其后继者领导建立的苏联政权为后世马克思主义政权建构提供了先例。但是，苏联体制没有在物质实践的方向上发挥生产力对解决现实矛盾的根本作用，同时，长期陷入官员与群众、社会主义与资本主义阵营的差别与矛盾，未能成功推进人的解放的实践。

三、毛泽东：实践矛盾思想在中国革命和新中国成立前期的展开

毛泽东领导中国共产党在中国革命和建设的实践中，将矛盾作为诊断和解决现实问题的核心范畴，建立了系统的矛盾学说。矛盾范畴在中国革命和经济建设的实践中具有核心的作用。

---

① 《斯大林选集》（上卷），人民出版社 1979 年版，第 336 页。
② 《斯大林选集》（上卷），人民出版社 1979 年版，第 21～22 页。

毛泽东提出了矛盾学说体系，明确强调以矛盾解决问题。毛泽东将矛盾视为马克思主义方法论的核心，[①] 提出了主要矛盾和次要矛盾、矛盾的主要方面和次要方面等思想。[②] 中国社会的矛盾比西方国家和俄国更加复杂深重，如何解决这种社会矛盾，开展社会主义革命和建设，马克思和恩格斯没有具体的讨论，苏联也没有直接的经验。毛泽东抓住了矛盾这个根本范畴，对复杂的中国社会问题做出了具体的诊断。他指出，封建主义、帝国主义与人民群众的矛盾，一定范围内的资本主义与无产阶级间的矛盾，是中国社会的主要矛盾。针对中国革命的不同方面和阶段，毛泽东提出了不同的解决方式。他说，无产阶级与资产阶级的矛盾，人民大众与封建制度的矛盾，殖民地与帝国主义的矛盾，分别要以社会主义革命、民主革命和民族革命的方式解决。[③] 这种多元矛盾思想试图灵活多样地诊断并解决复杂的现实矛盾问题。

革命根据地是中国革命在物质实践方面的创新，为社会主义建设提供了重要经验。毛泽东指出，解放和发展生产力是革命的目的。他说，如果不消除阻碍生产力发展的旧势力，生产力就不能解放，经济就不能发展。因此，革命的首要任务就是消除阻碍生产力发展的旧势力。[④] 革命根据地的重要功能就是经济建设，为革命战争提供物质支持。[⑤] 这种以发展生产力为目标的举措，为革命战争提供了物质条件。新中国成立后，中共八大提出国内的主要矛盾是人民对于建立先进的工业国的要求同落后的农业国

① 《毛泽东选集》（第 1 卷），人民出版社 1991 年版，第 299 页。
② 《毛泽东选集》（第 1 卷），人民出版社 1991 年版，第 326 页。
③ 《毛泽东选集》（第 1 卷），人民出版社 1991 年版，第 308 页。
④ 《毛泽东文集》（第 3 卷），人民出版社 1996 年版，第 109 页。
⑤ 《毛泽东选集》（第 1 卷），人民出版社 1991 年版，第 134 页。

的现实之间的矛盾，人民对于经济文化迅速发展的需要同当前经济文化不能满足人民需要的状况之间的矛盾。[①] 为了解决这一主要矛盾，当时中国采取了较为灵活的经济政策，推动了生产力的发展。但是，此后，中国在建设方面急于求成，在生产力并未充分发展的情况下，人为构建了人民公社等组织形式，同时将中国社会的矛盾转为阶级矛盾，[②] 实行以阶级斗争为纲的政策，严重阻碍了发展生产力的物质实践。

毛泽东主要以阶级矛盾分析和解决中国社会的问题。革命时期，毛泽东指出，帝国主义、封建主义与中国人民之间的矛盾是中国社会的主要矛盾。从鸦片战争、戊戌政变、辛亥革命至抗日战争，中国人民对帝国主义与封建主义进行了不屈的反抗。[③] 马克思主义提供了解决阶级矛盾与解放人类的理想，中国共产党将其与中国国情相结合，提出了解放中国人民的革命目标。毛泽东认为，敌我矛盾是革命时期的主要矛盾。[④] 他倡导以武装斗争解决中国人民与帝国主义、封建主义的矛盾，并以统一战线团结受压迫的人民群众。新中国成立之初，革命的统一战线和武装斗争两大革命法宝发展为建设的统一战线和民主合作。一方面，毛泽东提出了建设的统一战线，要求调动全部可调动因素建设社会主义。[⑤] 另一方面，他说，人民利益根本一致，人民内部矛盾需要以民主的方式解决。[⑥] 但是，1957 年，毛泽东提出，无产阶级与

---

① 《建国以来重要文献选编》（第 9 册），中央文献出版社 1994 年版。
② 《毛泽东选集》（第 5 卷），人民出版社 1977 年版，第 461 页。
③ 《毛泽东选集》（第 2 卷），人民出版社 1991 年版，第 633 页。
④ 《毛泽东选集》（第 1 卷），人民出版社 1991 年版，第 3 页。
⑤ 《毛泽东选集》（第 1 卷），人民出版社 1991 年版，第 70 页。
⑥ 《毛泽东文集》（第 7 卷），人民出版社 1999 年版，第 206，210 页。

资产阶级的矛盾，社会主义道路与资本主义道路的矛盾，是当前中国社会的主要矛盾。[1] 重新将社会主要矛盾定为敌我矛盾，阶级斗争状况恶化，偏离了人的解放的道路。

在对外关系方面，中国曲折地走出了一条和平与合作之路，一定程度上摆脱了苏联以阶级矛盾为基础的国际关系模式。第二次世界大战之后，世界殖民体系逐渐崩溃，发达资本主义国家和前殖民地国家之间的矛盾，苏联领导的社会主义阵营与美国领导的资本主义阵营之间的矛盾，成为世界冲突的焦点。新中国成立初期，中国采取了一边倒的政策，加入社会主义阵营，但中苏关系在 20 世纪 50 年代末期开始恶化，一边倒的政策结束。中国与广大发展中国家建立了平等互利的关系，同时逐渐缓解了与资本主义世界的关系。中国逐步将资本主义国家和社会主义国家、发达国家和发展中国家之间的关系由斗争变成了合作，成为国际社会和平与合作的重要力量。

中国在革命和新中国成立前期，在物质实践和人的解放两个方向上都有显著的推进。但是，在一定历史时期和范围内，阶级分别与阶级矛盾的作用被严重扩大，经济建设的基础性作用被延误，物质实践和人的解放两个方向上的实践都出现了严峻的问题。

四、邓小平：实践矛盾思想在改革开放中的回归与推进

从邓小平时代开始，中国以解放和发展生产力的物质实践为基础，开启了以经济建设为基础解决现实矛盾问题的阶段。

邓小平恢复了物质实践在诊断和解决现实矛盾过程中的基础

---

① 《毛泽东选集》（第 5 卷），人民出版社 1977 年版，第 461 页。

作用。邓小平领导中国共产党通过了《中共中央关于建国以来党的若干历史问题的决议》，结束了阶级斗争的乱局，重新诊断了社会主要矛盾，认定中国社会的主要矛盾是人民日益增长的物质文化需要同落后的社会生产之间的矛盾。① 在邓小平的领导下，中国以经济建设为中心任务，开启了改革开放的道路。许多“自称左派”多以某种生产关系的组织形态理解社会主义，特别是将苏联模式理解为社会主义的表征，而将市场经济视为资本主义的标志。② 邓小平从发展生产力的物质实践的角度理解社会主义。邓小平提出，计划和市场都是方法，只要有利于发展生产力，就可以利用。③ 邓小平同时发挥社会主义和市场经济对生产力的推动作用，以生产力发展为基础建设社会主义，避免了以计划体制等同于社会主义的主观立场。新时代将市场在资源配置中发挥决定性的作用写入了《中国共产党章程》。④ 中国的改革开放成功地在苏联式计划体制之外树立了马克思主义物质实践的典范。

从邓小平开始，中国发挥了先富对后富的带动作用，以期实现共同富裕的目标。社会主义阵营的国家多固守苏联体制，拒绝资本主义国家主导的市场经济。⑤ 苏联体制造成并强化了官员与群众的差别和矛盾。改革开放之前中国也面临阶级斗争恶化的问题，阶层与阶级矛盾的双重恶化不仅损害了社会主义发展生产力的作用，更深化了人与人之间的矛盾。面对生产力发展的不足，

---

① 《关于建国以来党的若干历史问题的决议：注释本》人民出版社 1983 年版，第 63 页。

② 卢荻：“自称左派面临中国难题”，《明报》，2018 年 7 月 9 日。

③ 《邓小平文选》（第 3 卷），人民出版社 1993 年版，第 203 页。

④ 《中国共产党章程》，人民出版社 2017 年版。

⑤ 靳书君：“俄国史上关于列宁新经济政策的三次论争——兼论中国特色社会主义政治经济学的理论源头”，《兰州学刊》，2016 年第 9 期。

邓小平提出了先富和后富的建设模式，替代了阶层强化和阶级斗争的模式。在生产力发展不足的情况下，有必要以先后富裕的差别模式推动生产力的发展，以便实现共同富裕。[1] 按照马克思的思想，由于生产力发展不充分，社会差别不可能消除。邓小平主导实施先富带动后富的政策，发挥了人与人之间差别的建设性作用。管理体制中官员和群众的差别，市场经济中雇主和雇工的差别，都可从属于先富和后富的差别，以发挥其解放和发展生产力的建设性作用。经济发展的过程中出现了官员腐败及其引发的官员和群众矛盾问题，也出现了雇主和雇工之间的矛盾问题。这些问题是先富和后富的矛盾在政治和经济层面的体现，不仅需要通过发展生产力解决，也需要建立有效解决人与人之间矛盾的上层建筑。

从邓小平开始，通过先富带动后富以实现共同富裕的道路逐渐扩展到了国际领域。它从解放和发展生产力的角度理解和解决世界范围内人与人、国与国的矛盾。邓小平指出，解决国际与国内问题，经济建设是最主要的条件。[2] 他说，和平问题与经济问题是世界的两大问题。他认为，经济问题是核心问题。[3] 对于发达国家和发展中国家的矛盾，资本主义阵营和社会主义阵营的矛盾，他绕开了帝国主义的矛盾分析模式以及社会主义阵营和资本主义阵营对立的冷战思维模式，将和平与发展作为世界的主题。从解放和发展生产力的角度看，世界各国的差别也是先富和后富的差别，意识形态和国家利益的矛盾可以通过共同发展经济和提

---

① 《邓小平文选》（第 2 卷），人民出版社 1994 年版，第 110~111 页。

② 《邓小平文选》（第 2 卷），人民出版社 1994 年版，第 340 页。

③ 《邓小平文选》（第 2 卷），人民出版社 1994 年版，第 105 页。

升生产力解决。新时代继承并发扬了这一思路。习近平重申和平和发展是世界的主题，在维护中国权益的同时，推动世界各国共享共赢的发展，倡导建立人类命运共同体。这一思路是以建设性的方式，通过发展自身带动他国的发展，以实现国际社会的共同发展。正如有的学者指出的，国家利益与全人类利益存在日益发展的正向关系，应当以建设性思维处理相关的矛盾和问题。① 这种正向关系的客观条件就是生产力发展，其主观诉求是实现人的解放的理想。

改革开放以来的中国，以先富带动后富以实现共同富裕的发展模式，替代了官员与群众的阶层强化模式和革命与反动的斗争模式，发挥了物质实践的基础作用，为建设性地推进人的解放奠定了基础。

结　论

对马克思来说，只有诉求人的解放，才能彻底解决人与人之间的矛盾，而人与人之间矛盾的解决，需要以发展生产力的物质实践为基础。但是，他没有提出建设社会主义的具体方案。列宁及其后继者建立的苏联体制虽然在一定范围内发挥了范例作用，其高度集中的体制未能持续有效地发挥物质实践的基础作用，对内陷入官员和群众的矛盾，对外陷入社会主义阵营与资本主义阵营的矛盾，没有走出成功的建设道路。毛泽东结合马克思列宁主义与中国国情，在物质实践和民族解放方面取得了成就，但他在

① 胡泽曦等："绽放中国特色共创世界未来"，《人民日报》，2015 年 12 月 30 日，第 21 版。

晚年未能展开社会主义建设之路。从邓小平时代开始，中国吸取了苏联和新中国成立前期的经验和教训，以解放和发展生产力为首要任务，发挥先富带动后富的建设性作用，以实现共同富裕为目标，以期解决中国和世界范围内的现实矛盾。在中国的改革开放中，马克思的实践矛盾思想在物质实践与人类解放两个方向得到了展开。就马克思主义解决现实矛盾问题的实践诉求而言，中国的改革开放比苏联体制和阶级斗争模式更加贴近马克思思想的初衷。

后 记

我始终关切的问题是唯一的，却呈现在学术的方方面面，生活的时时处处。收入本书的这些文章，是我这唯一的关切，在理想和现实的各个棱镜之间，反射和折射的结果，多彩，多质，是纯粹而路途性的思考；也是学术与生活的琥珀，骨骼，血肉，清晰可见。

本书第二作者郭逸，是我辅导的第一位硕士研究生。虽然我是辅导她学习，但她凭借天然美好的直觉和比较从容的学习，对我们的研究工作起到了切实有效的作用。本书的整理，以及收录本书的未曾发表的文章的修改，无不得益于郭逸的协助。

本书的第一篇文章发表在《周易研究》上，其第一作者是北京师范大学知名中国哲学学者周桂钿教授，本人是第二作者。这篇文章的核心内容来自周老师在“经学史”课程上指导我们展开的讨论和分析。周老师作为仁厚的长者，对初出茅庐的我循循善诱。这篇文章是周老师本人所写，却将我署名为第二作者，体现了对学生的尊重，也许是周老师有意接引我进入学术堂奥的方式。可惜我不谙世事，错过了周老师的高风与善意，也错过了从师于周老师的可能。收入此篇文章，以示对周老师的尊重和感恩。

第二篇文章《康德“实践”概念的两种意义》，是本人的硕士论文。该文从康德哲学中抽取出两种意义的“实践”概念——通常意义的“实践”与哲学意义的“实践”，并从“实践”的这两个意义出发，界定了两种意义的“工具理性”。这次出版，对原文基本上没有改变，保留了原文的精华和美好，粗略和草率。这篇论文是在张汝伦导师的指导下完成的。张汝伦老师是中国当代哲学巨擘，其精神和学问对我有沁润终生的影响。这篇文章隐含了将认知理性与道德理性意义下的实践区分并贯通起来的意图，是一种借助康德克服康德之后理性与道德分裂的尝试。

第三篇《礼理之辨中的“是非”悖论》和第四篇《礼理之辨中辞让与是非的悖论》本为同一篇文章，投稿的时候，前者作为后者的节选，被刊登在《中国社会科学报》2015 年 2 月 2 日哲学版头条。该文讨论了乾嘉义理学“以礼代理”的思想，尝试指明：尽管这种思想的核心不是仅仅从文献上证明宋学“以理论礼”的无据，而是从“是非”与“辞让”等义理的角度论证宋学所谓“理”的缺陷，但其理解“是非”的方式恰恰出自宋学理解“理”的方式，而以“辞让”代替“是非”的方式，其实亦不免陷入其所尝试避免的“是非”之“争”。

第五篇文章《“十三经”的形成及其经典意义质疑》，是在程居渊老师“经学史”课程的引导下撰写的。本文尝试指出，“六艺”、“五经”与“四书”或“兼经”始终是传统经学与儒学的基本类目，现代学者奉为传统经学最终结集的“十三经”，从未在传统经学中成为取代“六艺”“五经”“四书”的儒家经典。传统所谓“十三经”，只是一种图书编辑类目，并非经学的类目。直至经学传统中断之后，“十三经”这种图书编辑类目才开始呈现出现代的这种影响。

第六篇文章《〈皋陶谟〉论“礼”》发表在《理论界》上。《皋陶谟》对于天人上下与典礼服刑的阐释，对后世礼法传统具有典范意义。本文尝试阐释：《皋陶谟》表达的天人上下不是权位或阶级的差别，而是公私的等差与统一；典礼服刑首先并非抽象的规范与律法，而是不偏不倚的中道实践的体现。根据《皋陶谟》的传述，皋陶以其大法官的身份，提出了天人上下体现的公私统一的精神，使得由此理解的天人上下的等差与统一，成为传统文明与礼法制度的根本。

第七篇文章《西方无神论角色变迁与现状》作为特约文章，发表在《科学与无神论》上。该文提出了这样一种发现：直至现代，西方所谓“无神论”，主要是宗教与神学主导的文化中批评异教徒或不信仰者的一个罪名，即便是西方当代的无神论研究，也为宗教与神学所主导；无神论作为一种正面词汇，在全世界，特别是在西方比较边缘化，与“无神论”在中国的情况形成了鲜明的对照。此文章是在任定成教授的指导下完成的。任定成教授当时为本人在中国科学院大学的博士后导师，是中国科技哲学、无神论研究、膜拜现象研究等领域的知名学者。

第八篇文章《〈共产党宣言〉“基本思想”新解》未曾发表。该文旨在让《共产党宣言》“基本思想”更完美地回归历史唯物主义的原则与共产主义的理想，以便在理想和价值两个方面得到贯通的理解。本文尝试阐述：《宣言》“基本思想”可以按照恩格斯的说法，概括为“无产阶级解放的条件的学说”，其中，阶级斗争学说是关于前共产主义社会阶级对立状况的一般原理，而有关“条件”的物质条件原则与有关“解放”的自由联合原则，是理解和判定阶级对立如何终结、无产阶级乃至人类如何解放的条件的更为一般的原理。

第九篇文章《马克思主义解决现实矛盾问题的实践矛盾思想》发在《学术探索》上。该文尝试论证：就马克思主义解决现实矛盾问题的实践诉求而言，中国的改革开放以先富与后富的差别模式推动生产力发展以实现共同富裕的道路，与高度集中的苏式体制和以阶级差别为基础的斗争模式相比，更加贴近马克思实践矛盾思想的初衷，即以物质实践为客观条件，以人的解放为主观诉求。该文隐含了将辩证法的矛盾与逻辑学的矛盾在实践中贯通的意向。

本人的求学和致学过程是一场学术探险，是深入精神生活真谛的过程。本人在其中曲折成长，达成了自我的精神成就。所有这些文章的写作，都有其不得已之处。但曾经的不得已，现在已经变成了记忆的责任，有意义的释然。感谢推动我留下这些学术脚印的前辈老师和我的导师们，由衷感谢张汝伦老师、周桂钿老师、程居渊老师和任定成老师。这些学术足迹中的接引、助益和砥砺，得力于前辈；其中的粗疏、错谬与进取，出自我的灵魂。

既以原貌呈现，九篇文章的体例难免不统一，敬希读者谅解。